中亚研究

CENTRAL ASIAN STUDIES

2017年第1辑 总第4辑

兰州大学中亚研究所/主办

社会科学文献出版社
SOCIAL SCIENCES ACADEMIC PRESS (CHINA)

中亚研究

CENTRAL ASIAN STUDIES

(2017年第1辑,总第4辑)

郭文韬　宋德星　哈萨克斯坦对"丝绸之路经济带"的基本态度与中国的方略

久谢克耶夫·阿济尔汉　哈萨克斯坦在"丝绸之路经济带"建设中的作用

郭　力　"一带一路"建设在中亚地区面临的挑战与对策

陈水胜　"一带一路"倡议背景下中国外交的转型与风险

曹　伟　"丝绸之路经济带"视角下的中—吉—乌铁路计划

陆　兵　大力推进丝绸之路经济带新疆核心区建设

杨　恕　中亚高等教育概况

乔伟其　欧安组织对亚信会议组织化的启示与借鉴

陈　明　"瓦济里斯坦-费尔干纳"地区恐怖主义特点及中国反恐情报保障策略

兰州大学中亚研究所　主办

主办单位：兰州大学中亚研究所
主　编：杨　恕
副 主 编：朱永彪
编　委：赵常庆　潘志平　杨　恕　石　泽　孙壮志　李永全
　　　　赵华胜　汪金国　焦一强　赖晨野　曾向红　朱永彪
编辑部成员：王婷婷　张玉艳　曹　伟

出版：社会科学文献出版社
编辑：兰州大学中亚研究所
地址：兰州市天水南路222号兰州大学中亚研究所
(邮编：730000)，邮箱：zhongyayanjiu@sohu.com

目 录

"一带一路"研究

哈萨克斯坦对"丝绸之路经济带"的基本态度与
　　中国的方略 ………………………………… 郭文韬　宋德星 / 1
哈萨克斯坦在"丝绸之路经济带"
　　建设中的作用 ………………………… 久谢克耶夫·阿济尔汉 / 15
"一带一路"建设在中亚地区面临的挑战与对策 ………… 郭　力 / 22
"一带一路"倡议背景下中国外交的转型与风险 ………… 陈水胜 / 34
"丝绸之路经济带"视角下的中—吉—乌铁路计划 ……… 曹　伟 / 47
大力推进丝绸之路经济带新疆核心区建设 ……………… 陆　兵 / 63

教 育 研 究

中亚高等教育概况 …………………………………………… 杨　恕 / 75

地区组织研究

欧安组织对亚信会议组织化的启示与借鉴 ……………… 乔伟其 / 88

反恐研究

"瓦济里斯坦－费尔干纳"地区恐怖主义特点及
　　中国反恐情报保障策略 …………………………… 陈　明／120

《中亚研究》约稿启事 ……………………………………………／147
《中亚研究》注释示例 ……………………………………………／149

哈萨克斯坦对"丝绸之路经济带"的基本态度与中国的方略

郭文韬 宋德星

(解放军国际关系学院,江苏 南京,210000)

【摘　　要】哈萨克斯坦的"光明之路"和中国的"丝绸之路经济带"具有深度契合性。总体来说,哈方愿意搭中国崛起的快车,对中国的"丝绸之路经济带"倡议持积极和欢迎的态度,"光明之路"和"丝绸之路经济带"的对接已成定局。然而,哈方在参与"丝绸之路经济带"倡议的过程中也存在疑虑和担忧,一方面,哈萨克斯坦担心过分依赖中国而影响到与其他大国的关系,其中主要是与俄罗斯的关系;另一方面,哈萨克斯坦政府和民众对"丝绸之路经济带"的理解仍存在误区。对此,中国需要从地区和国家两个层面考虑,地区层面主要是寻求俄罗斯的支持,处理好"丝绸之路经济带"与"欧亚经济联盟"的关系;国家层面主要是处理好与哈萨克斯坦的双边关系,核心是通过细化设计共享发展模式,以消除哈方的疑虑。

【关 键 词】哈萨克斯坦;光明之路;丝绸之路经济带;欧亚经济联盟

【作者简介】郭文韬,解放军国际关系学院博士后,主要研究方向:国际战略;宋德星,解放军国际关系学院教授,主要研究方向:国际战略。

2013年中国国家主席习近平出访哈萨克斯坦时首次提出了共建"丝绸之路经济带"的倡议①，该倡议的目标是通过加强基础设施建设和区域经济合作，最终将西半球发达的欧洲经济圈和东半球活跃的东亚经济圈以及欧亚大陆发展潜力巨大的中间腹地连接起来。中国呼吁沿线国家共同参与投资和建设，从而共同分享互联互通带来的红利。中亚是"丝绸之路经济带"规划的关键区域，中国希望与中亚国家一道，依托亚欧国际贸易大通道，以沿线重点城市为支撑，共同打造国际经济合作走廊。②2014年，哈萨克斯坦总统纳扎尔巴耶夫在国情咨文《光明之路——通往未来之路》中首次正式提出"光明之路"的中长期战略规划。"光明之路"战略规划的核心思想是通过加大运输和物流基础设施的投资与建设，进一步加强哈萨克斯坦作为"欧亚大陆商业贸易互通中心"的地位和作用，从而为哈萨克斯坦经济发展注入更多动力。③ 不难看出，哈萨克斯坦的"光明之路"恰好与中国倡导的"丝绸之路经济带"在战略上具有深度契合性。

然而，中亚是一个复杂、多元和不断变化的区域，历来是大国利益交汇和激烈博弈的焦点，麦金德（Halford John Mackinder）曾将中亚地区视为世界的中心、欧亚大陆枢纽区域的一部分。④ 中亚五国虽然都是苏联解体后形成的独立国家，也都曾经属于"独联体"这一共同的组织框架，⑤但是复杂的人口构成、多元的文化以及不同的地缘政治地位等因素，导致中亚缺乏政治统一的文化传统和共同利益意识，使中亚国家难以形成一个

---

① 习近平：《弘扬人民友谊 共创美好未来——在纳扎尔巴耶夫大学的演讲》（2013年9月7日），新华网，http://news.xinhuanet.com/world/2013-09/08/c_117273079.htm。
② 《推动共建丝绸之路经济带和21世纪海上丝绸之路的愿景与行动》（2015年3月28日），中华人民共和国国家发展和改革委员会网站，http://www.sdpc.gov.cn/gzdt/201503/t20150328_669091.html。
③ 哈萨克国际通讯社：《纳扎尔巴耶夫总统发表〈光明大道——通往未来之路〉国情咨文》（2014年11月13日），http://www.inform.kz/cn/article_a2716314。
④ 〔英〕哈·麦金德：《历史的地理枢纽》，林尔蔚、陈江译，商务印书馆，2015，第68页。
⑤ 土库曼斯坦于2005年正式宣布退出独联体。

地区整体。① 中亚五国在外交政策甚至经贸政策领域都是破碎的，在战略认知和身份认同等问题上，不同国家的政策选择差异明显，由此大国便有了进入与影响该区域的机遇和时机。

除了中国提出的"丝绸之路经济带"倡议外，很多国家都提出过各自不同版本的"丝绸之路"计划，这些计划对中亚国家都有着不小的战略吸引力和诱惑。② 哈萨克斯坦作为中亚五国中影响力最大的国家，其在寻求战略依靠或战略对接时可以有多重选择，这使中国与哈萨克斯坦的区域合作面临着巨大的风险和挑战。为此，中国政府深刻理解并掌握哈萨克斯坦对中国以及"丝绸之路经济带"倡议的基本态度极为重要，更需要有应对方略，将外部冲击降至最低，以实现中哈两国的深入合作和双方利益的最大化。

一 "光明之路"——哈萨克斯坦的战略雄心

中亚位于欧亚大陆的中心，是欧、亚、非三大地理板块陆路交通的要冲所在，两千多年前，欧亚大陆上勤劳智慧的人民探索出多条连接欧亚非几大文明的贸易和人文交流之路——"古丝绸之路"。历史上，中亚地区在古代丝绸之路中扮演了极其重要的角色。就现实而言，中亚地区同样举足轻重。在中亚五国中，哈萨克斯坦领土面积最大，是世界上最大的内陆国家，欧亚大陆上东西向、南北向的贸易大通道均汇聚于此。"历史上，大中型城市都是沿丝绸之路而建的。而现代，道路两侧则孕育着无限商机。"③

哈萨克斯坦作为一个1991年才宣布独立的新生国家，在独立之后的仅

---

① 杨恕：《中亚的地缘政治——历史和现实》，《中国边疆史地研究》2003年第3期，第68~72页。
② 例如美国的"新丝绸之路计划"、俄罗斯的"欧亚经济联盟"、日本的"丝绸之路外交"、印度的"南北走廊计划"、韩国的"欧亚倡议"、伊朗的"钢铁丝绸之路"等。参见徐绍华、李海樱、蔡春玲《中外丝绸之路战略比较研究》，《云南行政学院学报》2016年第1期，第165~171页。
③ 哈萨克国际通讯社：《纳扎尔巴耶夫总统发表〈光明大道——通往未来之路〉国情咨文》（2014年11月13日），http://www.inform.kz/cn/article_a2716314。

二十多年间，其国家发展特别是经济发展就取得了令人瞩目的卓越成就，①毋庸置疑，这与其得天独厚的地缘优势密切相关。对于这一点，哈萨克斯坦当局有着深刻的认识，对国家未来发展也满怀信心。2014 年 1 月 17 日，纳扎尔巴耶夫在首都阿斯塔纳独立宫发表了题为《同一个目标、同一个利益、同一个未来》的国情咨文，明确将"2050 年前跻身全球前 30 个发达国家之列"作为哈萨克斯坦未来三十余年国家战略发展的最终目标，② 可见其战略雄心之远大。不仅如此，在制订未来发展战略规划时，哈萨克斯坦当局也有着准确且清晰的思路："'光明之路'新经济计划将是我们步入全球 30 个最发达国家行列的一次跨越。"③ 通过加强交通和物流的基础设施建设，维护和加强哈萨克斯坦欧亚大陆贸易互通中心的地位和作用，既作为商品集散地，又是仓储物流中心，由此大量商品和贸易将会在这里聚集，与之相伴的就是财富和货币的聚集，在此基础上，大力发展金融业和服务业，并带动其他行业如法律、财会等知识产业以及旅游业的共同发展，除此之外，哈萨克斯坦本身还拥有丰富的自然资源，④ 这非常有利于发展大宗商品期货和交易。哈萨克斯坦的未来蕴藏着无尽的潜能，很有可能成为欧亚大陆的商业、物流、知识和能源中心，实现跻身全球 30 个最发达国家行列的目标也许并不遥远。

哈萨克斯坦作为中国西部周边的重要邻国，是推动"丝绸之路经济

---

① 2008 年金融危机爆发之前的十年，是哈萨克斯坦经济发展的"黄金时期"，GDP 年增长率始终保持在 10% 左右，外贸总额增长近 6 倍，经济总量扩充了 5 倍。虽然也受到金融危机波及，但随着世界经济的复苏，哈萨克斯坦经济又出现了强劲反弹的势头。参见《哈萨克斯坦经济》，2013 年 8 月 12 日，中华人民共和国驻哈萨克斯坦共和国大使馆网站，http://www.fmprc.gov.cn/ce/ceka/chn/zhgx/HSKSTGQ/t1065970.htm。
② 哈萨克国际通讯社：《哈萨克斯坦总统发表以〈同一个目标、同一个利益、同一个未来〉为题的国情咨文》（2014 年 1 月 18 日），http://www.inform.kz/cn/article_a2638736。
③ 哈萨克国际通讯社：《纳扎尔耶夫总统发表〈光明大道——通往未来之路〉国情咨文》（2014 年 11 月 13 日），http://www.inform.kz/cn/article_a2716314。
④ 哈萨克斯坦已探明的矿藏有 90 多种。钨储量居世界第一位，铬和磷矿石储量居世界第二位。铜、铅、锌、钼和磷的储量居亚洲第一位。此外，铁、煤、石油、天然气的储量也较丰富。已探明的石油储量达 100 亿吨，煤储量为 39.4 亿吨，天然气储量为 1.8 万亿立方米，锰储量为 4 亿吨。参见《哈萨克斯坦概况》，2005 年 7 月 1 日，中华人民共和国驻哈萨克斯坦共和国大使馆网站，http://www.fmprc.gov.cn/ce/ceka/chn/xnyfgk/t201886.htm。

带"倡议的重要突破口;与此同时,其无与伦比的地缘优势和无尽的发展潜能都决定其必将成为"丝绸之路经济带"的重要支点和核心区域。中国可携手哈萨克斯坦共同打造可靠的利益共同体和命运共同体,"丝绸之路经济带"和"光明之路"未来若顺利实现对接,将有助于在更加广泛的区域内产生积极的示范效应。

二 哈萨克斯坦对中国崛起的认知和心理

中哈关系源远流长,古丝绸之路就是中哈两国友谊最好的历史见证。1991年哈萨克斯坦独立后,中国是最早承认其独立的国家之一,并于次年1月3日与之建立了正式的大使级外交关系。2002年,两国签署了《中华人民共和国和哈萨克斯坦共和国睦邻友好合作条约》;2005年,两国签署了《中华人民共和国和哈萨克斯坦共和国关于建立和发展战略伙伴关系的联合声明》,哈萨克斯坦成为第一个和中国建立战略合作伙伴关系的中亚国家;2011年,两国又签署了《中华人民共和国和哈萨克斯坦共和国关于发展全面战略伙伴关系的联合声明》。可以说,中哈深厚的友谊一直持续至今,未来两国对进一步深化彼此间的战略合作伙伴关系也寄予厚望。[①]

现如今,中国崛起已经成为不可阻挡的趋势,也已经成为国际社会的基本共识:中国崛起不仅源于古代传统和历史传承,而且基于雄厚的实力基础之上。中国崛起意义重大,这是因为自航海大发现以来,西方对亚洲的优势不仅延续了几百年之久,而且彻底改变了世界政治的面貌,西方凭借其自身实力的巨大优势,向全世界灌输西方的文化和思想及其主导下的权力政治游戏规则,逐步构建起以西方为中心的世界格局。而中国崛起将使"西方中心"这种传统格局受到动摇,也就是说,西方文明和规则主导世界的现状将会受到冲击甚至被颠覆。作为中国的邻居,哈萨克斯坦最能深刻体会和认识到这一点。世界上无论是大国还是小国,对其而言,"如

---

① 郭琼:《中国向西开放视角下的中哈关系》,《现代国际关系》2014年第4期,第29~34页。

何与崛起中的中国共处"都是一个极为重要的外交和战略问题。中国崛起带来了大量的投资和发展机会，这对于基础设施建设相对落后，极力推行其"光明之路"战略规划的哈萨克斯坦来说是梦寐以求的，哈萨克斯坦政府急切希望可以搭中国发展的快车，从而进一步提振本国经济。然而，在中国崛起不可避免的情势下，哈萨克斯坦在稳步推进对华关系以实现利益对接的同时，势必会担心因过分依赖中国而影响其与其他大国的关系，其中最为关键的国家是同为哈萨克斯坦邻居的俄罗斯。[1]

对于俄罗斯来说，它始终将中亚视为自己的"后院"，属于战略禁区，对此区域极为敏感。俄罗斯担心中国借助"丝绸之路经济带"倡议来填补其他大国在中亚留下的"地缘政治真空"，中国将中亚视为"丝绸之路经济带"的关键区域，"丝绸之路经济带"在中亚的推进必然会增强中国在中亚的地缘政治影响力，进而可能会将俄罗斯边缘化。因此，俄罗斯起初对中国"丝绸之路经济带"倡议表现出警惕、质疑和不积极的态度是不难理解的。[2] 俄罗斯和哈萨克斯坦作为苏联解体后形成的两个独立国家，拥有世界上最长的陆地边界，历史渊源极其深厚，在政治、社会、经济、文化等方面都存在紧密联系。经济上，哈萨克斯坦对俄罗斯的依赖性很强，因为哈萨克斯坦国民经济收入的主要来源是石油出口，而其出口石油必须依靠俄罗斯作为桥梁。据统计，哈萨克斯坦出口石油中的70%是向俄罗斯方向出口的。[3] 此外，在哈萨克斯坦生活的俄罗斯人占哈萨克斯坦总人口的32.2%，而且哈萨克斯坦总统纳扎尔巴耶夫还希望未来在与其继任者进行权力交接的时候能够得到俄罗斯的支持，因此在哈萨克斯坦，任何涉俄事件或反俄情绪都会严重影响哈萨克斯坦的国内稳定和国家安全。鉴于以上种种原因，哈萨克斯坦必然会把其与俄罗斯的关系置于其对外政策最优先的方向。

---

[1] 赵常庆：《论影响中国与中亚关系的"俄罗斯因素"及中俄关系的"中亚因素"》，《新疆师范大学学报》2011年第4期，第36~40页。

[2] 吕亚楠：《俄罗斯对丝绸之路经济带建设的态度探析》，《河北师范大学学报》2016年第3期，第142~144页。

[3] Mira Nurmakhanova, Gavin Kretzschmar, "Kazakhstan-The Real Currency and Growth Challenge for Commodity Producing Countries," *Journal of Business and Policy Research*, Vol. 6. No. 1, July 2011, pp. 87–105.

的目标创造条件。

再次,哈萨克斯坦希望借助"丝绸之路经济带"和"光明之路"的对接,寻求独立自主性,降低对俄罗斯的依赖。2015年1月1日,由俄罗斯、哈萨克斯坦、白俄罗斯主导的欧亚经济联盟宣布正式启动。① 欧亚经济联盟对中亚地区的政治、经济格局产生了巨大的影响。根据欧亚经济联盟协定,到2025年,成员国之间将实现商品、服务、资本和劳动力自由流动的目标,终极目标是建立一个类似于欧盟的经济联盟,形成一个拥有1.7亿人口的统一市场。② 俄罗斯将欧亚经济联盟视为恢复其昔日大国雄风的重要战略依托,为加强欧亚经济联盟的一体化程度,俄罗斯曾经建议将国际合作、共同国籍、移民政策、签证、出口监管、边界安全等内容加入协定,但此举遭到哈萨克斯坦的反对和拒绝。纳扎尔巴耶夫明确表态,不支持将任何非经济领域的内容写入欧亚经济联盟协定之中。③ 虽然俄罗斯始终是哈萨克斯坦外交最优先的方向,但是哈萨克斯坦认为自己并非小国,而是在中亚地区有巨大影响力的国家,所以不可能一味地依附于俄罗斯。推动"光明之路"和"丝绸之路经济带"对接,加强与中国的经济合作,可以增加哈萨克斯坦外交的筹码,进而减少其对俄罗斯的依赖。

在国家现实利益需求的牵引下,哈萨克斯坦必然会支持中国的"丝绸之路经济带"倡议,愿意将"光明之路"与"丝绸之路经济带"进行对接。然而,仍有很多因素在影响哈萨克斯坦支持和参与"丝绸之路经济带"的程度,主要因素可以归结为以下两点。

一是哈萨克斯坦当局和社会大众对"丝绸之路经济带"倡议的理解仍存在误区。诚然,"丝绸之路经济带"倡议目前还是一个大的框架概念,依然包含很多不清晰的地方,这引起了哈萨克斯坦当局一定程度的担忧。其担忧的焦点集中在两个方面:一方面,"丝绸之路经济带"倡议是否是

---

① 1995年,俄罗斯、白俄罗斯、哈萨克斯坦三国成立关税同盟;2015年1月1日,欧亚经济联盟正式启动,同年1月2日亚美尼亚正式加入,8月12日吉尔吉斯斯坦加入。
② 王维然、王京梁:《试析欧亚经济联盟的发展前景》,《现代国际关系》2015年第8期,第51~56页。
③ 周明:《乌克兰危机对哈萨克斯坦的影响评估》,《国际论坛》2015年第2期,第64~69页。

及坚戈贬值等因素的影响，中国对哈萨克斯坦的直接投资有所下降，但中国提出"丝绸之路经济带"倡议以后，势必会进一步促进中国对哈萨克斯坦的直接投资。另一方面，哈萨克斯坦的"光明之路"需要大量投资。①因此，很大程度上，中国对哈萨克斯坦的直接投资在其引进外资中的地位无可替代且举足轻重。2015 年 2 月 11 日，哈萨克斯坦总统在政府扩大会议上宣布，在"光明之路"和"丝绸之路经济带"框架下，中哈两国已经确定将共同携手实施 20 个新投资项目，投资额预计将达到 100 亿美元。②

其次，"丝绸之路经济带"有助于加强哈萨克斯坦的区位和地缘优势，有助于顺利实现"光明之路"战略的预定目标——"树立和强化其欧亚大陆交通走廊以及贸易、物流中转中心的地位"。哈萨克斯坦可以从货物过境中获得大量红利，目前哈萨克斯坦过境货物年运量约为 25 万集装箱，而"光明之路"新经济政策的目标是将经过哈萨克斯坦线路运往中国、俄罗斯、欧洲的货物运量翻一番，达到每年 3300 万吨。为此，"光明之路"重点规划了四个不同方向的货运通路。③ 应该说，中国"丝绸之路经济带"倡议和哈萨克斯坦"光明之路"新经济政策在联通欧亚大陆、加强经贸投资合作方面的总目标和利益是非常一致的，中国可以利用哈萨克斯坦现有和规划中的交通基础设施，并可以通过将其视为"丝绸之路经济带"的有机组成部分，来拓展和推进"丝绸之路经济带"的具体路线。从哈萨克斯坦的角度来说，"丝绸之路经济带"为其带来的巨大的现实好处不仅是大量的投资，而且能激发经济活力，同时还可以拓展迈向国际市场的通道，为哈萨克斯坦早日实现迈入世界前 30 个最发达国家行列

---

① 哈萨克国际通讯社：《纳扎尔巴耶夫总统发表〈光明大道——通往未来之路〉国情咨文》（2014 年 11 月 13 日），http://www.inform.kz/cn/article_a2716314。
② 《2015 年中哈将实施投资额 100 亿美元的 20 个合作项目》，2015 年 2 月 13 日，中华人民共和国商务部网站，http://www.mofcom.gov.cn/article/i/jyjl/e/201502/20150200897868.shtml。
③ 这四个方向分别为：一是现有的贯穿哈萨克斯坦、俄罗斯和欧洲的铁路线路；二是西欧—中国西部国际公路；三是中哈国际铁路跨里海后连接"巴库—第比利斯—卡尔斯"铁路的线路；四是哈萨克斯坦—土库曼斯坦—伊朗铁路线路。参见严双伍、〔哈〕Marlen Belgibayev《中国"一带一路"与哈萨克斯坦"光明之路"对接合作的研究》，《国际经济合作》2016 年第 6 期，第 36~40 页。

大力支持或全面参与，如巴基斯坦。这类国家在"丝绸之路经济带"倡议提出伊始就明确表态会给予全力支持，此类国家有望保持长期、可靠且深入的双边合作。二是选择性支持或均衡参与。这类国家总体上对"丝绸之路经济带"持肯定态度，认为该倡议可以为其带来重大机遇，但由于受制于地缘政治上的强大压力，这类国家会反复权衡利害关系，以决定与"丝绸之路经济带"合作的深度与广度。三是战略竞争或有限参与，如俄罗斯。此类国家通常拥有一定的势力范围，对别国参与其地区事务非常敏感，因此对"丝绸之路经济带"存有战略疑虑，与中国的战略竞争仍是重点。但这并不代表此类国家会完全背离"丝绸之路经济带"倡议，在某些具体时段和具体功能领域内可能会选择性参与。上述三类国家并没有明确的界限，而且随着"丝绸之路经济带"的不断推进，部分国家可能会改变原先的立场。哈萨克斯坦介于"大力支持或全面参与"与"选择性支持或均衡参与"之间。一方面，哈萨克斯坦是中亚国家中最先表态支持中国"丝绸之路经济带"倡议的国家，并明确提出要推进"光明之路"和"丝绸之路经济带"对接；另一方面，哈萨克斯坦身处地缘政治环境极其复杂的中亚，不得不平衡各方利益，降低发生冲突的风险。

总体上看，哈萨克斯坦对中国的"丝绸之路经济带"倡议持积极和欢迎的态度，究其原因，主要有三点。

首先，哈萨克斯坦经济对中国有较强的依赖性，特别是随着中国崛起和"丝绸之路经济带"推进过程中带来大量投资，这对"光明之路"新经济政策的推进极具诱惑。中国是世界第二大经济体，同时也是哈萨克斯坦第二大贸易伙伴国，中哈两国年贸易额在峰值时达到228亿美元，2015年虽有所下降，但对中国的出口额和进口额仍分别占哈萨克斯坦总出口额的12%和总进口额的16.8%。[1] 投资方面，2003年之后，中国对哈萨克斯坦的直接投资额迅猛增加，年均增长20%左右，2003年为2.49亿美元，到2012年已经增加到24.15亿美元。[2] 虽然受世界原油市场价格持续走低以

---

[1] 《中哈贸易额近两年下降50%》，2016年4月12日，中华人民共和国商务部网站，http://www.mofcom.gov.cn/article/i/jyjl/e/201604/20160401294707.shtml。

[2] The National Bank of Kazakhstan, http://www.nationalbank.kz/?docid=275&switch=english。

中亚独特的地缘优势势必会引来大国在此相互角力,这种复杂的地缘政治环境,是对哈萨克斯坦外交政策最大的考验。除了重视与俄罗斯、中国两个具有世界影响力的邻国的关系之外,哈萨克斯坦还非常重视发展与美国、欧洲等西方大国以及伊斯兰国家的关系,此举不仅可以带给哈萨克斯坦更多的发展机会,还可以平衡和管理俄罗斯和中国这两个强大邻国在哈萨克斯坦的战略期望。独立之后的哈萨克斯坦始终奉行"多元平衡外交"政策,① 即在寻求外交对象多元化的同时,尽力避免摩擦,让各方利益达到相对平衡的状态,从而使自己从中追求自身利益的最大化。哈萨克斯坦政府的"多元平衡外交"政策并非绝对中立和平均的外交政策,其官方文本对这一外交政策的解释为"均衡又不等距离的全方位外交",哈萨克斯坦政府明确优先发展同俄罗斯、中国、美国、欧盟和伊斯兰国家的关系,同时扩大同其他亚太国家的交往。② 哈萨克斯坦政府表示将严格遵守"多元平衡外交"政策,绝对不允许和任何一个国家的关系针对另一个国家。

在发展对华关系的时候,绝对不能冲击对俄关系,这个问题对于哈萨克斯坦政府来说是一个非常严肃的问题。同时,"如何处理好与美欧等西方大国、亚洲国家以及伊斯兰国家的关系,使之既不与对华关系相冲突,同时又能生成自己的战略机遇"将是哈萨克斯坦政府必须时刻考虑的现实问题。总而言之,哈萨克斯坦不会因为要发展与中国的关系而交恶于其他国家,也不会因为担心其他国家的不满而疏远中国。

三 "光明之路"与"丝绸之路经济带"对接的现实与前景

"丝绸之路经济带"提出后,根据对"丝绸之路经济带"不同的战略态度和应对政策,"丝绸之路经济带"沿线国家大致可以分为三类。一是

---

① 张颜也:《哈萨克斯坦"多元平衡外交"研究》,硕士学位论文,华东师范大学,2016,第7页。
② 《哈萨克斯坦外交》,2013年8月12日,中华人民共和国驻哈萨克斯坦共和国大使馆网站,http://www.fmprc.gov.cn/ce/ceka/chn/zhgx/HSKSTGQ/t1065969.htm。

中国的"西进战略"？中国是否会由此展开与其他大国的地缘政治竞争？另一方面，中国大规模投资的基础设施项目暂未受到哈萨克斯坦民众的青睐和支持，这部分是因为在投资合作过程中，中国未能广泛接触哈萨克斯坦社会不同领域的利益相关者。例如，哈萨克斯坦民众担心中国"丝绸之路经济带"的主要目的是转移国内过剩产能，由此给哈萨克斯坦带来严重的环境问题。

二是俄罗斯的影响和羁绊。"丝绸之路经济带"给俄罗斯带来的潜在的不利影响是：中国在中亚地区显著地提高了经济和地缘政治影响力，而俄罗斯在该地区的影响力不可避免地下降了。例如，在"光明之路"与"丝绸之路经济带"对接的项目中，中哈将会共同建造一条从中国经哈萨克斯坦再经里海和黑海进入欧洲的国际铁路，由于该铁路缩短了中国到欧洲的路程，因此会影响到俄罗斯西伯利亚铁路在欧亚大陆运输中的主导地位。[①] 目前，欧亚经济联盟的海关壁垒已经对"丝绸之路经济带"的推进产生了巨大影响，未来俄罗斯是否会借欧亚经济联盟继续向哈萨克斯坦施压，非常值得关注。

四　中国的方略

对于"丝绸之路经济带"与"光明之路"对接的问题，中国需要从地区和国家两个层面来考虑。地区层面主要是寻求俄罗斯的支持，处理好"丝绸之路经济带"与"欧亚经济联盟"的关系，消除关税壁垒，以优化中国推进"丝绸之路经济带"的良好环境；国家层面主要是要处理好与哈萨克斯坦的双边关系，核心是通过细化设计共享发展模式，消除疑虑，优化国家间关系，建立战略互信。

首先，在地区层面，需要考虑"丝绸之路经济带"与"欧亚经济联盟"对接的可能性，而实现两者对接的关键在俄罗斯。目前，中俄关系处

---

① 严双伍、〔哈〕Marlen Belgibayev：《中国"一带一路"与哈萨克斯坦"光明之路"对接合作的研究》，《国际经济合作》2016年第6期，第36~40页。

于历史最好水平，两国在2014年确立了全面战略协作伙伴关系，并在2015年发出共同声明，宣称要将这一关系进一步深化。不可否认，中俄两个大国之间难免存在竞争，俄罗斯出于传统的地缘政治考虑，起初对中国的"丝绸之路经济带"怀有戒备心理。然而，中国"丝绸之路经济带"倡议的目的并非要拓展自己的利益空间和势力范围，而是要与沿线国家共同发展，实现互利共赢。中俄双方都需摒弃以往地缘政治博弈的传统思维，求同存异，共生共荣。未来中国可从以下两个方面做出努力，以争取俄罗斯的支持以及实现"丝绸之路经济带"和"欧亚经济联盟"的顺利对接。一是加强中俄经济层面的协调与合作。俄罗斯由于受到西方制裁，经济遭受重创，此时中国的支持显得弥足珍贵，在"丝绸之路经济带"框架下加强经济层面的合作对俄罗斯来说无疑是绝对的利好，中国为了寻求俄罗斯对"丝绸之路经济带"的支持也表现出了足够的诚意。① 中国在争取俄罗斯支持方面已经取得了突破性进展，俄罗斯当局已经表达了支持"丝绸之路经济带"的明确立场，两国领导人也已经签署了《中华人民共和国与俄罗斯联邦关于丝绸之路经济带建设和欧亚经济联盟建设对接合作的联合声明》②，未来，在具体操作层面，两国需要探索更多对接的可能路径。二是充分发挥"上海合作组织"这一平台的影响和作用。"上海合作组织"是中俄两国牵头，以地区安全为中心议题构建的地区性国际组织，现经过多年运作已经建立起较为完善的合作机制。大多数直接或者间接加入"欧亚经济联盟"和"丝绸之路经济带"的国家几乎都加入了"上海合作组织"，且所有成员国都表态将支持中国的"一带一路"倡议，

---

① 例如，习近平在俄罗斯胜利日访问莫斯科时签署了32项价值250亿美元的投资协定（参见《习近平访俄 中俄签署32项协议价值250亿美元》，凤凰网，2015年5月10日，http://news.ifeng.com/a/20150510/43726495_0.shtml），涉及能源、交通、航天、金融等领域，其中，为充分发挥俄罗斯的跨境运输潜力，中俄达成了莫斯科—喀山高速铁路协议（此铁路为第二欧亚大陆桥铁路俄罗斯段，中国投资3000亿卢布），此外，双方积极推进西伯利亚和贝阿铁路与"丝绸之路经济带"对接，黑龙江已经开始了对从哈尔滨到西伯利亚的铁路的现代化改造，以发挥更大的跨境运输潜力。

② 《中华人民共和国与俄罗斯联邦关于丝绸之路经济带建设和欧亚经济联盟建设对接合作的联合声明（全文）》（2015年5月9日），中华人民共和国中央人民政府网站，http://www.gov.cn/xinwen/2015-05/09/content_2859384.htm。

在"上海合作组织"框架内可能会耦合出更加广泛的欧亚经贸合作空间。① 虽然在"上海合作组织"框架内经济合作的成效暂未达到参与国的预期,但在其框架内部已经具备了扩大和深化各国经济合作的基础和环境,未来需要进一步巩固和维护这些基础和环境,甚至可以考虑建设自由贸易区,加速实现贸易和投资的便利化,促进商品、资金、技术和人才的流动,打破关税壁垒,为"欧亚经济联盟"和"丝绸之路经济带"对接创造更多前景和可能性。②

其次,在国家层面,需要不断深化与哈萨克斯坦的战略互信。近些年"中国威胁论"甚嚣尘上,③ 在此环境下,中国要尽可能避免陷入与其他国家的地缘战略竞争之中。很多沿线国家包括哈萨克斯坦对"丝绸之路经济带"的担忧主要源于该倡议目前仍是一个粗略的框架,没有明确的标准和条约。为此,这些国家可能会担心"丝绸之路经济带"是中国版本的"扩张"战略。当然,作为一个极具包容性的倡议,"丝绸之路经济带"也无需以严格的标准,或是以明确的条约和义务将沿线国家联系在一起。然而,"丝绸之路经济带"底层的细化和设计值得格外注意,这也是目前较为欠缺的方面。不断细化底层设计,明确具体的合作项目,这对减轻或消除哈萨克斯坦对"丝绸之路经济带"的疑虑非常重要。另一方面,要努力争取哈萨克斯坦民众对"丝绸之路经济带"的青睐和支持。例如,部分哈萨克斯坦民众可能担忧中国产品的流入会对哈萨克斯坦市场造成冲击,导致就业机会减少;又如,中国将淘汰的过剩产能转移到哈萨克斯坦,可能会造成严重的环境破坏……哈萨克斯坦民众的这一系列担忧和疑虑中方都需要考虑到。对此,中国可加强媒体的宣传力度,第一时间解除哈萨克斯坦民众的担忧和困扰。此外,中哈双方在实现项目对接之前要构建完善的监督机制,以从根本上消除民众的担忧。

---

① 〔俄〕Е. М. 库兹米娜:《上海合作组织作为欧亚经济联盟与"丝绸之路经济带"对接平台的可能性》,农雪梅译,《欧亚经济》2016 年第 5 期,第 34~43 页。
② 〔俄〕А. Г. 拉林、В. А. 马特维耶夫:《俄罗斯如何看待欧亚经济联盟与"丝绸之路经济带"对接》,高晓慧译,《欧亚经济》2016 年第 2 期,第 18~26 页。
③ 海克军、孟献丽:《"中国威胁论"背离中国发展价值取向》,《人民日报》2015 年 12 月 10 日。

总体来说，哈萨克斯坦对"丝绸之路经济带"的态度是非常积极的，"光明之路"与"丝绸之路经济带"的对接已成定局，中哈两国不断拓展和加深彼此合作的前景十分广阔。中国需要寻求一条中哈双方都易于接受的出路，从而将外部冲击降至最低。中国还需要时刻调整自己的战略预期，不要试图争取在与哈萨克斯坦合作中的垄断地位，而要顾及各利益攸关方的战略关切，时刻坚持"共商、共建、共享"的原则，以实现共同发展、互利共赢。

哈萨克斯坦在"丝绸之路经济带"建设中的作用

久谢克耶夫·阿济尔汉 著 郭 力 译

(哈萨克斯坦,阿拉木图)

【摘　　要】	2013年9月,中国国家主席习近平在出访哈萨克斯坦期间提出携手共建"丝绸之路经济带"的重大倡议。目前,哈中两国关系已提升为全面战略伙伴关系,两国在政治、经济等方面拥有重大的共同利益,在国内、国际事务上相互理解和支持,加上同为古丝绸之路国家的历史渊源和互为友好邻邦的地缘因素,哈萨克斯坦在"丝绸之路经济带"建设中将会发挥重要作用。
【关 键 词】	哈萨克斯坦;丝绸之路经济带
【作者简介】	久谢克耶夫·阿济尔汉,中校,哈萨克斯坦某部队司令部作战参谋。
【译者简介】	郭力,国防大学防务学院讲师。

　　两千多年前,中国汉代的张骞肩负和平友好使命,两次出使西域,即现在的中亚和南亚,开启了中国同该地区各国友好交往的大门,开辟了一条横贯东西、连接欧亚的贸易通道。这条贸易之路历经时间的考验,不断拓展,最终发展为绵延数千公里的丝绸之路。千百年来,作为连接亚、欧、非几大文明的贸易和人文交流通道,丝绸之路在推动人类文明进步和促进沿线各国繁荣发展方面发挥了重要作用。

2013年9月，中国国家主席习近平在出访哈萨克斯坦期间提出携手建设"丝绸之路经济带"的重大倡议。哈萨克斯坦总统纳扎尔巴耶夫表示，完全赞同中方提出的这一战略构想，愿同中方加强在经济、人文、基础设施等领域的互联互通，共同构筑新的丝绸之路。

一 哈萨克斯坦高度认同"丝绸之路经济带"倡议

从地缘上看，哈萨克斯坦是中国西部的重要邻国，在中国的对外政治中占据特殊地位，与中国确立了全面战略伙伴关系。2013年，正是在哈萨克斯坦纳扎尔巴耶夫大学的演讲中，中国国家主席习近平指出："为了使我们欧亚各国经济联系更加紧密、相互合作更加深入、发展空间更加广阔，我们可以用创新的合作模式，共同建设'丝绸之路经济带'。"① 2015年，在出席俄罗斯纪念卫国战争胜利70周年庆典前，习近平主席时隔一年多再度访问哈萨克斯坦，这也是纳扎尔巴耶夫赢得总统大选连任后接待的首位外国元首。习近平主席此次访问哈萨克斯坦期间，两国元首共同规划了中哈在各领域互利合作的发展蓝图，因此此次访问被视为"丝绸之路经济带"建设的落实之旅。因此，哈萨克斯坦成为中国推动"丝绸之路经济带"建设的首发地，具有标志性意义。②

哈萨克斯坦外交部认为，"丝绸之路经济带"构想整体上与哈萨克斯坦总统提出的"哈萨克斯坦—新丝绸之路"倡议相呼应。哈萨克斯坦非常愿意成为"丝绸之路经济带"建设的重要伙伴，并认为应当先从以下几个方面做起，逐步形成跨区域合作的良好局面。

第一，加强政策沟通。哈萨克斯坦认为，中亚各国与中国均建立了全面战略伙伴关系，双边关系处于历史最好水平，彼此把对方视为经济发展

---

① Выступление Председателя. КНР Си Цзиньпина в Назарбаев университете: «Укреплять дружбу народов, вместе открыть светлое будущее». http://kz.chineseembassy.org/rus/zh-gx/t1077192.htm.
② Попов Д. Казахстан—ворота Китая в Центральную Азию // Геополитика, 11 сентября2012. http://www.geopolitica.ru/article/kazakhstan-vorota-kitaya-v-centralnuyu-aziyu#.UWqSA6nw_x4.

战略和外交布局中的优先方向和理想合作伙伴。因此，中哈之间应就经济发展战略和对策进行充分交流，本着求同存异原则，协商制定推进区域合作措施，在政策和法律上为区域经济融合"开绿灯"。

第二，加强道路联通。发展交通基础设施、打造地区互联互通网络是"丝绸之路经济带"建设的重要方向，是沿线各国务实合作的优先领域。哈萨克斯坦作为中国的重要邻国，中国的各种通道建设都延伸到哈境内。在"丝绸之路经济带"建设中，哈萨克斯坦的公路和铁路网建设将全面展开，道路联通有助于哈萨克斯坦等中亚国家摆脱所谓的"运输困境"，为各国打开新的通往波斯湾和太平洋的出口，促进沿线各国自然资源的开发与利用，推动地区贸易、旅游业和经济合作的整体发展。为此，哈萨克斯坦真诚希望相关各方尽快落实有关区域交通便利化问题的相关协议，积极完善跨境交通基础设施，努力打造连接东亚、西亚、南亚的交通运输网，为各国经济发展和人员往来提供便利。

第三，加强贸易畅通。哈方已经认识到，"丝绸之路经济带"建设覆盖了广袤的欧亚大陆上的近40个国家，总人口达30亿人，市场规模和潜力独一无二，能为各国在贸易和投资领域的合作带来无限商机。在"丝绸之路经济带"建设中，哈中双方将继续加强已有经济合作的契合点，寻找经济合作新的增长点，拓展经贸合作空间。同时，也希望各方能就贸易和投资便利化问题进行深入探讨并做出适当安排，消除贸易壁垒，降低贸易和投资成本，促进区域贸易一体化，实现互利共赢。

第四，加强货币流通。中国和俄罗斯等国在本币结算方面开展了良好合作，取得了可喜成果。哈萨克斯坦认为，这一做法值得推广。随着"丝绸之路经济带"倡议的实施和哈中两国经贸往来的日益紧密，双方续签了本币互换协议，同时签订了新的双边本币结算与支付协议，无论是在边境贸易中还是在一般贸易中，两国经济活动主体均可自行决定是用自由兑换货币、人民币还是用哈萨克坚戈进行商品和服务的结算与支付。这有利于深化中哈两国货币金融合作，便利双边贸易和投资，维护区域金融稳定，标志着中哈两国金融合作进入新阶段。

第五，加强民心相通。哈中两国互为友好邻邦和全面战略伙伴，文化交流的历史源远流长,彼此有亲近感。"丝绸之路经济带"建设既是经济合作之路,也是文化交流之路。加强文化交流是沟通民意、凝聚民心的重要举措。哈萨克斯坦赞同中国"国之交在于民相亲"的观点,愿与各国一道,通过加强民众友好往来、增进相互了解、巩固传统友谊、促进各领域的"民心相通工程"建设,为深化区域合作夯实民意基础,提供民意支持,进而将"丝绸之路经济带"建设推向更新的高度。

二 "丝绸之路经济带"建设为哈萨克斯坦带来巨大的发展机遇

作为世界上最大的内陆国,哈萨克斯坦位于欧亚大陆接合部,是连接东方与西方、南方与北方的天然桥梁。这使哈萨克斯坦具备了多样性的、同时又相互促进的发展潜力。例如,哈萨克斯坦位于世界最大的消费市场西欧和拥有极大生产能力的亚洲之间,横跨其间的欧亚大陆桥大大提升了哈萨克斯坦的区位优势,极大地便利了沿线公路运输和国际商品贸易。同时,哈萨克斯坦还处于当今世界两大极具影响力的地缘政治中心——俄罗斯和中国之间,在考虑相邻两大世界强国利益的同时,哈方必须不断权衡自己的对外政治和对外经济选择。因此,哈萨克斯坦积极寻求多元化战略,寻求借助多样化动力,通过融合多种发展规划进而推动自身发展。

众所周知,哈萨克斯坦已经明确宣布参与中国倡导的"丝绸之路经济带"建设,这将会助力哈萨克斯坦的经济建设,助推其入世进程,提升其国际地位,促进其全面发展。

第一,"丝绸之路经济带"建设与哈萨克斯坦总统纳扎尔巴耶夫提出的"光明之路"战略的内涵和目标相吻合,[①] 推进"丝绸之路经济带"建设将有助于哈萨克斯坦维护、拓展国家利益,提升其在地缘政治中的国际地位,增强其国际影响力。

---

① Послание Президента РК Н. Назарбаева народу Казахстана «Нұрлы жол-Путь в будущее» от 11 ноября 2014 года.

第二,"丝绸之路经济带"建设将促进哈萨克斯坦改善自身经济结构,拓展发展空间,经中国沿海港口融入亚太经济圈,摆脱其作为内陆国的困境,并使其成为连接发达的欧洲经济圈和活跃的亚太经济圈的重要组成部分,为其发展带来先进的技术和巨额投资。

第三,"丝绸之路经济带"建设将有助于哈萨克斯坦打开中国广阔的消费市场,推动自身经济发展。哈方希望通过出口油气和矿产资源获取用来推动本国经济建设所需的资金支持,而中国则拥有庞大的消费市场,双方可以发挥各自优势,实现互利共赢。

第四,"丝绸之路经济带"建设致力于加强交通基础设施建设,将推动哈萨克斯坦陆路交通走廊建设,促进其偏远地区的全面发展。在哈萨克斯坦的一些偏远地区,缺少资金和就业机会时常引发社会动乱、民族冲突、局势动荡等问题,而陆上交通走廊建设可以防止这些地区被进一步边缘化。目前,交通建设已经取得明显成效,带动了中小企业、服务业、旅游业发展,随着相关配套交通服务基础设施的逐步完善,城乡地区的经济生活得以复苏。

三 哈萨克斯坦在"丝绸之路经济带"建设中的作用

"丝绸之路经济带"倡议能为包括哈萨克斯坦在内的沿线各国的经贸、投资合作带来新的机遇,开辟新的发展前景。中国设立的丝路基金和倡导成立的亚洲基础设施投资银行,对"丝绸之路经济带"建设的顺利实施起到了重要的支撑作用。哈中两国拥有有关古丝绸之路的共同历史记忆,互为友好邻邦和全面战略伙伴,政治关系不断密切,经济合作越发深入,彼此有着重大的共同利益,因此,哈萨克斯坦在"丝绸之路经济带"建设中应该并且能够发挥重要作用。[1]

第一,愿做中国"丝绸之路经济带"倡议的坚定支持者。"丝绸之路

---

[1] Китайский Шелковый путь и роль Казахстана, http://www.kursiv.kz/news/details/vlast/kitayskiy_shelkovyy_put_i_rol_kazakhstana_/.

经济带"倡议正是习近平主席在访问哈萨克斯坦期间首次提出的,因此可以说,哈萨克斯坦是中国"丝绸之路经济带"倡议的诞生地。哈方以此为荣,并且认为,中国的这一举措充分表明了哈中两国友好关系正处于历史最佳时期。所以,哈萨克斯坦应把握机遇,在"丝绸之路经济带"建设中充分发挥自身在地缘、经济和政治等方面的特殊作用。

第二,愿当哈中共同利益的有力维护者。哈萨克斯坦深知,"丝绸之路经济带"建设的中心区域是中亚,而中亚地处亚洲、欧洲、中东和南亚的十字路口,在欧亚地缘政治中占有重要的地位,是中国的利益攸关区,更是大国博弈角力的场所。地缘政治方面,中国尤其不愿看到美国控制中亚,进而遏制自己;安全方面,中国一直致力于防范新疆的"东突"势力与中亚地区的恐怖主义、极端主义相互勾结;经济方面,中国要确保能源运输陆上交通走廊的安全以及商品的自由中转。哈萨克斯坦完全理解中国对安全利益的关注,明晓"一荣俱荣、一损俱损"的道理,深感自身安全和发展与中国的稳定和繁荣密不可分,所以助推中国"丝绸之路经济带"建设,就是为自身的长远发展创造良好的安全环境。仅从这一点说,哈萨克斯坦定将与中国携手前行、同舟共济,共同维护地区安全与稳定。

第三,愿为中国"丝绸之路经济带"倡议做好释疑解惑工作。毋庸置疑,对于中国的"丝绸之路经济带"倡议,中亚各国还在不同程度上存有疑虑。比如,担心中国未来可能只会向该地区转移落后产能,而不提供先进的生产技术;中国的众多产品可能对本国的传统行业造成重大冲击;中国过多的产业转移到中亚地区后,可能给当地带来环境污染;陆上交通系统不断完善后,过境人流和物流的增多可能给当地社会稳定带来额外负担;中国投资激增,可能对本国的金融管理体系造成冲击等。[1] 然而,哈萨克斯坦认为,随着"丝绸之路经济带"建设的深入推进,中国将不断加大对中亚地区的援助、投资,双边关系必将进一步深化,中亚各国与中国

---

[1] Natalie Koch, "Kazakhstan's Changing Geopolitics: The Resource Economy and Popular Attitudes about China's Growing Regional Influence," *Eurasian Geography and Economics*, Vol. 54, No. 1, 2013.

必然形成平等互利、安危与共、合作共赢的"利益共同体"和"命运共同体"。① 所以，哈萨克斯坦在确保"丝绸之路经济带"交通走廊安全的同时将主动作为，通过政治、外交和媒体等途径，多做释疑解惑性的正面宣传，让中亚各国理解、支持和配合"丝绸之路经济带"建设。

第四，愿为推动"丝绸之路经济带"建设顺利实施做出表率。"丝绸之路经济带"建设能否在中亚顺利推进，取决于地区各国是否愿意参与中国倡导的"丝绸之路经济带"建设进程。哈萨克斯坦作为中亚地区的大国，政局稳定，国力雄厚，资源丰富，在地区发挥着举足轻重的作用。作为"丝绸之路经济带"建设西出的第一环，哈萨克斯坦积极参与"丝绸之路经济带"建设，对"丝绸之路经济带"的建成有着巨大的示范效应，对中亚其他国家具有重要的参考和导向作用。哈萨克斯坦认为，建设贯穿中亚的"丝绸之路经济带"成功的可能性很大。特别是哈萨克斯坦的"光明之路"计划与"丝绸之路经济带"倡议的远景非常契合，具有很强的互补性。中国已经明确表示，愿意在平等互利基础上推进"丝绸之路经济带"建设同哈方"光明之路"新经济政策对接，实现共同发展繁荣。在国际金融动荡和石油价格持续跌落的情况下，"丝绸之路经济带"倡议的实施能为哈萨克斯坦的"光明之路"计划的落实注入急需的资金。因而，哈萨克斯坦将抓住机遇，做好对上述两项规划的整合，使其成为示范工程，进而为中亚其他国家搞好自身各类项目与中国"丝绸之路经济带"建设的对接发挥表率作用。

总之，作为中亚地区最大的经济体，哈萨克斯坦参与中国倡导的"丝绸之路经济带"建设绝非一时冲动，而是基于两国关系的长远发展和维护地区安全与稳定的共同需要做出的明智之举。哈方坚信，随着"丝绸之路经济带"建设的顺利推进，哈中两国的全面合作将不断深化发展，展现给世界的必将是一个开放、包容的区域共同繁荣的典范。

---

① Александр Салицкий, Владимир Таций. Анатомия китайского подъема иегомировое значение（критика цивилизационного дискурса）［EB/OL］. Перспективы. ［2014 - 05 - 21］. http://www.perspectivy.org/rus/gos/anatomija_kitajskogo_podjema_i_jego_mirovoje_znachenije_kritika_civilizacionnogo_diskursa_2014 - 05 - 21.htm.

"一带一路"建设在中亚地区面临的挑战与对策

郭 力

(国防大学防务学院,北京,1002249)

【摘　　要】	"一带一路"倡议的提出,对深化中国与中亚国家之间的政治互信、经济发展、文化交流和安全合作具有重大意义。但作为新生事物,"一带一路"建设不会一帆风顺、一路坦途,尤其是在中亚地区还面临诸多不容忽视的挑战。为此,中国应在强化国际话语权、加强与俄美合作、发挥大国作用、利用上海合作组织、创新合作模式等方面做出努力。
【关 键 词】	一带一路;中亚
【作者简介】	郭力,国防大学防务学院讲师,主要研究方向:中亚问题。

公元前2世纪,中国西汉的张骞肩负和平友好使命,两次出使西域,开辟了通往中亚、西亚的陆上丝绸之路。古丝绸之路作为连接亚、欧、非几大文明的贸易和人文交流通道,在小亚细亚、高加索、中亚和中国人民之间的经济、文化交往中发挥了巨大的作用。2013年出访哈萨克斯坦期间,中国国家主席习近平提出携手建设"丝绸之路经济带"。这一倡议将使古丝绸之路焕发新的生机与活力,以全新的合作理念与模式促使沿线各国之间的相互联系、互利合作迈向新的历史高度。作为"一带一路"建设

的重要支点地区，中亚各国纷纷表示愿意积极参与中国倡导的"一带一路"建设，努力实现与中国合作共赢、共同发展。

一 在中亚地区推进"一带一路"建设的战略意义

"一带一路"是为顺应区域经济一体化潮流而提出的宏大的经济合作构想，符合《联合国千年宣言》的宗旨与任务，对深化中国与中亚国家之间的政治互信、经济发展、文化交流和安全合作具有重大意义。

（一）有利于增进中国与中亚国家的政治互信

中亚各国独立伊始，中国就通过和平谈判方式解决了相互之间的边界与军事互信问题，签订了睦邻友好合作条约，扫除了影响政治互信的各种障碍。20多年来，中国与中亚五国关系健康、稳步发展，均建立了战略伙伴关系，实现了中国和中亚国家关系的全面升级。自提出"一带一路"倡议以来，中国与中亚各国领导人互访频繁，在"一带一路"倡议及国内、国际事务上相互理解和支持。随着"一带一路"建设向纵深推进，中国与中亚各国领导人之间、政府之间的磋商、合作将进一步加强，利益融合将进一步深化，战略伙伴关系网将进一步密切，政治互信将进一步增进。

（二）有利于促进中国与中亚国家的经济发展

经济发展是"一带一路"建设的基础和活力所在。中国与中亚各国经济和产业布局正处于调整、转型的关键时期，都面临经济持续发展的重大任务，有着共同的发展利益。双方在资源构成、经济结构和工农业产品等方面互补性很强，具有产业合作的基础和优势。近年来，中国已成为中亚最大的贸易和投资伙伴，彼此把对方视为经济发展战略和外交布局中的优先方向与理想的合作伙伴。[1]"一带一路"是全方位开放的战略构想，以推

---

[1] 袁胜育、汪伟民：《丝绸之路经济带与中国的中亚政策》，《世界经济与政治》2015年第5期。

动共同发展、实现共同繁荣为目标，能促进中国发展战略与中亚各国发展战略之间的相互对接。双方将继续加强已有经济合作的契合点，寻找经济合作新的增长点，拓展经贸合作空间，推动产业结构转型升级，促进区域贸易一体化，进而实现经济共同发展。

（三）有利于加强中国与中亚国家的文化交流

中国与中亚国家是友好邻邦和战略合作伙伴，文化交流的历史源远流长，彼此有亲近感。"一带一路"既是经济合作之路，也是文化交流之路。全面的经济合作必然伴随着深度的文化交流。加强文化交流、推动文明互鉴能够更好架起心灵沟通的桥梁，是沟通民意、凝聚民心的重要举措，是促进中亚各国人民更多地认同和正确理解与东方邻国之间的战略伙伴关系的基础，也是"一带一路"倡议的生命力所在。吉尔吉斯斯坦文化、信息和旅游部原部长苏尔丹拉耶夫认为，没有人文合作的发展，很难实现经济合作的进步，希望通过人文桥梁，促进丝绸之路沿线国家间合作的复兴。① 近年来，随着双方经贸关系的迅猛发展，中亚地区对汉语人才的需求急速上升，"汉语热"不断升温。目前，在中亚地区已经建成10所孔子学院。随着"一带一路"建设的推进，在尊重文化多样性的基础上，通过互派留学生、建立交流机构、举办文化展览等方式，教育、艺术、体育、媒体、旅游等领域的"民心相通工程"建设将不断扩大，层次将不断提高，必将为深化各领域的经济合作夯实民意基础、提供民意支持。

（四）有利于扩大中国与中亚国家的安全合作

安全问题不仅是中国与中亚国家开展合作的基础，也是"一带一路"建设在中亚地区顺利推进的保障。中国西部与中亚国家都面临"三股势力"、跨国犯罪、毒品走私等安全问题，为有效应对这些安全挑战，中国需要加强同中亚国家的合作，中亚国家更需要倚重中国。尤其是当前，中

---

① 蒋希蘅、程国强：《国内外专家关于"一带一路"建设的看法和建议综述》，《中国外资》2014年第19期。

国与中亚国家正积极推进"丝绸之路经济带"建设,急需一个稳定的地区安全环境,双方在安全领域的合作必将进一步深化。一方面,依托上海合作组织,通过开展联合军演、培训反恐力量、加强军事援助等方式,进一步加强在打击恐怖主义、分裂主义和极端主义方面的安全合作;另一方面,通过联合执法检查,进一步扩大在查处和打击贩毒走私、跨国犯罪、非法移民等方面的安全合作。

(五)有利于推动中国与中亚国家的基础设施互联互通

中亚地域辽阔,资源丰富,但基础设施建设发展滞后,各国难以凭一己之力投入巨资进行修建、完善。落后的基础设施既是制约中国与中亚各国深化合作的"瓶颈",也是丝绸之路经济带建设面临的机遇。因此,应尽快打造中国与中亚地区交通及基础设施互联互通的新格局。在"一带一路"建设中,中国设立丝路基金,倡导成立亚洲基础设施投资银行,可为中亚各国基础设施建设解决融资问题,同时中国还可提供技术、经验、人力支持,有利于推动中国与中亚地区建成铁路、公路、航空、能源管道互联互通网络。目前,双方基础设施的互联互通已经取得明显进展,例如,从中国经哈萨克斯坦、吉尔吉斯斯坦、乌兹别克斯坦通往俄罗斯和欧洲的第二条欧亚铁路线早已开通,另一条经中国、吉尔吉斯斯坦、乌兹别克斯坦延伸至土库曼斯坦、伊朗和西亚的铁路线也在规划中;位于乌兹别克斯坦东部、全长19.2公里的"中亚第一长隧"卡姆奇克铁路隧道已顺利贯通,并与从中亚通向西亚和欧洲的道路网连成一体;现已开通约10条从中国北京、上海、广州等城市飞往中亚国家的航线(直航或经乌鲁木齐中转);中吉、中哈、中塔公路早已开通,道路条件逐步完善。这些陆路或空中线路正逐步形成"交通经济带",是深化中国与中亚各国经贸合作的有效途径,也是未来实现区域贸易一体化的前提和基础。

二 "一带一路"建设在中亚地区面临的挑战

当前,世界各国经济相互依存,紧密相连。习近平主席提出的"一带一路"倡议，其规模之宏大，在世界文明史上是前所未有的。"一带一路"涵盖地理疆域之广，涉及伙伴国家之多，投资规模之大，建设周期之长，面临风险之复杂，都创下了历史之最。但作为新生事物，"一带一路"并不是在一种十分理想的国际环境下展开的，其建成不会一帆风顺、一路坦途，更不会一朝一夕就能完成。要把这个宏大的倡议变为现实，取得成效，还面临诸多不容忽视的挑战。

（一）战略疑虑

尽管中亚各国纷纷表示赞同中国提出的"一带一路"倡议，认为"一带一路"建设是搭乘"中国快车"的难得机遇，但地区各国对"一带一路"倡议在不同程度上还存有一些疑虑。特别是由于苏联时期的反华教育和西方媒体的歪曲报道，"中国威胁论"在中亚地区还有一定的市场，部分居民对华心态比较复杂。即使是在作为中亚强国的哈萨克斯坦，也仍有部分精英人士告诫本国政府应减少对中国强势经济的依赖，对华推行"有限接触"政策。① 还有国家质疑"一带一路"是抗衡美国"亚太再平衡"战略的权宜之计还是实现沿线各国共同繁荣的长远规划，是提供公共产品还是"另起炉灶"；担心中国影响力的增强将导致本国沦为原料出口国和形成对中国经济的依附关系，更忧虑来自中国的大量轻工业、制造业产品会冲垮它们的国内市场；担心中国人口众多，可能选择中亚国家作为移民目的地；怀疑中国借此实施扩张，对合作共建基础设施网络存有疑虑，不太愿意让中国参与大通道建设，试图把基础设施建设和经济问题政治化。

（二）大国战略挤压

"一带一路"沿线地缘政治关系错综复杂，特别是拥有丰富的能源资源和战略性的地理位置的中亚地区是丝绸之路经济带的陆上要冲，是大国力量的激烈博弈区和各种政治势力的交叉辐射区。俄罗斯历来视中亚为其

---

① 袁胜育、汪伟民：《丝绸之路经济带与中国的中亚政策》，《世界经济与政治》2015年第5期。

传统影响范围，对其他国家的进入带有本能的怀疑和排斥心理。俄罗斯担心"丝绸之路经济带"建设客观上将对其自身及其一体化战略构成竞争乃至挑战，进而损害其自身利益。因此，俄罗斯的战略判断及其政策立场对在中亚地区推进"一带一路"建设具有重大影响。"9·11"事件后，美国以"反恐"为名开始逐步向中亚地区渗透，为进一步降低俄罗斯和中国在该地区的影响力，美国更加积极地介入并利用中亚，采取包括支持"非民主国家"的各种反对派力量、部署军事基地、驻扎部队等在内的一系列措施推广美式民主，努力拓展在中亚地区的利益。为改变整个地区的地缘政治态势，美国还把煽动不同民族、宗教、文明之间的冲突，挑起"颜色革命"等列入议事日程，加强渗透演变。特别是乌克兰危机爆发后，俄罗斯、美国、欧盟等围绕争夺在中亚地区的主导权而进行的"新大博弈"愈演愈烈。同时，相关大国或是加紧与中国进行地缘争夺，或是加紧地区整合以围堵中国，意在迟滞、破坏"一带一路"建设的顺利实施。

（三）面临其他地区发展战略的竞争

作为一个世纪工程，"一带一路"实际上成为连接欧亚经济共同体、上海合作组织、东盟、亚太自由贸易区、欧盟等一体化机制的中轴线，因此将不可避免地面临其他地区机制的竞争和阻碍。但在"一带一路"倡议提出之前，很少有哪个大国真正下大力在中亚推动地区发展战略，往往都是空喊口号，实际行动不多。而在中国提出"一带一路"倡议后，各种新旧地区发展战略立即活跃起来。比如，沉寂多年的美国"新丝绸之路计划"重新抬头，俄罗斯明显加大了欧亚经济联盟的建设力度，日本推出亚洲基建资助计划叫板亚投行等。尽管类似的地区发展规划都表示愿与"一带一路"倡议对接，但实际上大有对冲之意，也必将挤压"一带一路"建设的战略空间。

（四）非传统安全威胁

中亚存在多种宗教、多种文化、多种政治力量，自古以来就是各种矛盾、冲突集中之地。近年来，以恐怖主义为核心的"三股势力"活动出现反弹，"东突伊斯兰运动""伊斯兰圣战联盟"等组织活动日益猖獗。特别是在中东地区兴风作浪的"伊斯兰国"将目光转向了中亚，目前已有千余名中亚民族武装分子加入了该组织。关于"伊斯兰国"在阿富汗北部省份和塔吉克斯坦戈尔诺—巴达赫尚地区积极渗透并发生武装冲突，以及该恐怖组织内来自新疆和中亚国家的志愿者开始返回国内并在他们熟悉的环境内继续战斗的报道引起人们极大担忧。"伊斯兰国"头目甚至公然宣称要在中亚开辟"第二战线"，这无疑会给中亚各国安全带来巨大隐患。特别是随着美国逐步从阿富汗撤军，阿富汗国内冲突可能再度升级，宗教极端主义和恐怖主义可能外溢，从而影响中亚地区的稳定。毫无疑问，严峻的非传统安全威胁将给丝绸之路经济带实现"道路联通""贸易畅通"增添风险。

（五）中亚各国国内安全风险

如今，国际形势风云变幻，任何国家都不能永保太平。一旦"一带一路"沿线国家发生重大变故，必将对相关国家之间的双边和多边合作产生重要影响。特别是中亚各国国内局势隐藏着巨大危机，社会、政治、经济、宗教等矛盾日益积累，各国也将相继进入政治敏感期，反对派蠢蠢欲动，"三股势力"四处煽风点火，在政权更替过程中极有可能突发社会动乱。加之美国大肆宣扬美式民主和西方价值观，大有趁机发动"中亚之春"的可能，进而实现有利于美国利益的"改朝换代"。无论是国家权力的顺利交接还是政权变色，个别国家重要的内政外交政策都很难保持延续性，新上台的领导人对前任的承诺能否遵守无法保证，这将严重制约中国与中亚国家全面合作的深入推进。此外，中亚国家在共享水资源问题上剑拔弩张，互不妥协，边境地区不和谐事件频发等，这都加剧了国家间关系的紧张，成为导致地区局势恶化的重要的显性因素，使"一带一路"建设在中亚地区面临被搁置的风险。

(六) 金融风险

当前，国际和地区局势纷繁复杂，全球经济复苏乏力，对于"一带一路"这一宏大的工程而言，金融风险绝不可低估。目前，中国已向"一带一路"投入超过1500亿美元的资金，其中至少有663亿美金会流向中亚地区。而中亚各国投资环境普遍较差，金融监管机制不健全，国家间货币自由兑换机制不完善，通货膨胀水平较高等，这些问题的存在将会提升经济投入成本，降低合作效率，影响"一带一路"项目的顺利实施，也可能会使中国巨大的投资无法得到预期的回报。

三 在中亚地区推进"一带一路"建设的对策

针对以上面临的诸多挑战，在中亚地区推进"一带一路"建设，中国应注意在以下几个方面做出努力。

(一) 进一步强化国际话语权

鉴于中亚国家在一定程度上对中国仍存有战略疑虑，中国应建立与"一带一路"重要性相匹配的国际话语权，在中亚地区更公开、透明地宣传自己的政治、经济、外交、军事战略，特别是要宣传"一带一路"建设的"三不原则"，即不干涉中亚国家内政、不谋求中亚地区事务的主导权、不谋求在中亚地区建立势力范围；宣传中国永不称霸、"睦邻、安邻、富邻"的对外政策；宣传中国"共同、综合、合作、可持续"的新亚洲安全观和"亲、诚、惠、荣"的外交理念。这些政策理念不仅要让中亚各国领导层，更要让中亚广大基层民众了解，同时还要破除"只要各国政府欢迎，各国民众也一定会欢迎"的思维定式，把争取各国民众支持作为推进"一带一路"建设的重中之重，让民心相通成为"五通"之首、"五通"之基。此外，要积极开展公共外交活动，扩大与中亚国家在教育、科技、文化、体育等领域的交往，如举办中国文化日、中国电影节、中国艺术展等，进一步夯实"一带一路"的社会和民意基础。通过对"一带一路"进行多维度的表述和阐释，避免"丝绸之路经济带"建设在中亚地区被以过于政治化的方式加以解读；通过情感和文化的交流，培育"丝绸之路经济带"建设的生命力和凝聚力。

（二）进一步加强与俄、美等大国的沟通合作

在"一带一路"建设中，大国博弈会如影随形，呈常态化趋势。因此，为顺利推进"一带一路"建设，中国必须将各大国，尤其是俄罗斯和美国视为"利益攸关方"，利用现有的双边和多边合作机制，采用灵活多样的合作形式，在不同层面推进合作，加强政治互信，寻找共同利益的契合点。①

俄罗斯是中国的全面战略协作伙伴，也是中亚地区影响最广和最深的大国。如果俄罗斯能够在"丝绸之路经济带"建设中发挥积极作用，那么这将有利于提升和提高中亚国家对对华合作以及区域经济合作的兴趣和效率，加快"丝绸之路经济带"建设进程。② 因此，面对俄罗斯的疑虑和阻力，中国应抓住当前中俄关系不断上升的历史机遇，特别是受乌克兰危机、西方制裁、国际油价下跌等事件影响，俄罗斯在政治、经济上对中国的依赖增强，进一步加强与俄罗斯在战略层面的沟通和磋商，搞好顶层设计与规划，探讨"丝绸之路经济带"与"欧亚经济联盟"等地区多边合作机制之间的合作模式。比如，2014年初，习近平主席亲自出席索契冬奥会，并与普京总统商谈共建"一带一路"，达成相互支持的共识。2015年5月，中俄两国元首签署了《中华人民共和国与俄罗斯联邦关于"丝绸之路经济带"建设和"欧亚经济联盟"建设对接合作的联合声明》，极大地促进了中俄两国合作建设"丝绸之路经济带"的进程。同时，中国应利用和弘扬"丝绸之路经济带"的开放性和包容性，通过利益共享、交换和补

---

① 刘海泉：《"一带一路"战略的安全挑战与中国的选择》，《太平洋学报》2015年第2期。
② 赵会荣：《中俄共建丝绸之路经济带问题探析》，《俄罗斯东欧中亚研究》2015年第6期。

偿等方式促进双边战略合作、深化双边关系发展,① 在实际合作中更多地寻找利益契合点,采取灵活策略妥善处理利益分歧,进一步推动"丝绸之路经济带"与独联体国家已有合作机制的对接、融合。

"一带一路"倡议正在深刻影响当前中国与世界各大国的关系,甚至未来世界的力量格局,是新时期构建新型大国关系的重要依托。因此,中国应以更宽广的胸襟和更开阔的战略视野,积极展开与美欧国家之间的对话和沟通,争取在平等协商的基础上实现战略对接。尽管美欧国家提出的多版本"丝绸之路"计划包含各自的地缘政治目标,但它们实施的经济合作方案客观上有助于促进欧亚国家的经济发展和社会稳定。"一带一路"能够与美欧国家提出的规划优势互补,共同实现地区和平、稳定的目标。特别是在"一带一路"建设中,中国应更加娴熟地运用大国博弈艺术,立足"一带一路"建设大局,努力寻求中美合作,最大限度地避免中美对抗,在非原则问题上可适当妥协,以便给自己留出更大的回旋空间,确保"一带一路"建设稳步推进。同时,"一带一路"是开放和包容的,我们需要借鉴美国的相关经验和教训,但也离不开美国的支持和帮助。因此,中国应把握时机,积极探索中美在"一带一路"建设中进行合作的可能性,进而为"一带一路"建设的顺利推进创造良好条件。

(三)进一步推动上海合作组织框架下的非传统安全合作

尽管丝绸之路经济带建设能给中国和中亚各国带来巨大的经济利益,但是若没有安全的保障,共同发展的前景就不会太乐观。因此,我们必须认识到国际恐怖主义、跨国有组织犯罪、毒品走私等非传统安全威胁的严峻性。为顺利推进"丝绸之路经济带"建设,中国与中亚国家应共同增强忧患意识,提升安全合作的战略高度,加大在上海合作组织框架下非传统安全领域合作的力度,特别是要在打击"三股势力"、跨国犯罪、生态环境保护、非法移民管理等方面拓展合作空间;同时,应进一步深化与俄罗

---

① 赵会荣:《建设丝绸之路经济带的有利条件与不利因素》,《中亚国家发展报告(2014)》,社会科学文献出版社,2014,第235页。

斯和中亚国家在执法和防务安全等领域的合作，加强上海合作组织与其他地区安全机制在应对非传统安全威胁方面的沟通、合作，建立保护合作项目安全的有效机制，实现安全与发展的良性互动。

（四）在中亚边界问题上发挥调节作用

自独立以来，中亚各国之间的边界问题一直受到各方的关注，已成为影响国家间关系和地区安全的重要问题。目前，中亚五国间存在的主要边界问题有哈、乌关于萨拉哈什的归属之争，哈、土关于曼格什拉克州的归属之争，乌、吉关于奥什州的归属之争，乌、塔关于圣城之争，以及乌、塔和乌、吉的飞地之争等。如果不能彻底解决这些问题，"一带一路"的实施就可能会遇到很大麻烦。因为"一带一路"涉及公路、铁路、管道等基础设施的规划与建设，需要明确中亚各国的边界线。而中亚地区历史遗留的边界问题错综复杂，并与民族矛盾交织在一起，暂时很难找到一个妥善的解决方案。在这方面，中国与哈萨克斯坦、吉尔吉斯斯坦和塔吉克斯坦通过和平谈判成功解决边界纠纷为中亚各国处理这一问题提供了宝贵经验。为此，在"一带一路"建设中，中国应积极发挥调节作用，努力创造搁置争议、合作建设的环境和氛围，有效管控分歧，防止争端升级为冲突，为维持中亚地区局势稳定和确保个别国家之间的边界问题处于可控状态继续做出积极贡献。

（五）开创与中亚国家合作的新模式

在丝绸之路经济带建设背景下，中国与中亚国家在各个领域的全面合作将不断深化，双方需要进一步加强沟通、协调，积极发挥地理毗邻、政治互信、经济互补、历史传统相近等优势，调整以往单纯的商品输出和资源输入的经贸模式，通过走廊经济、贸易便利化、技术援助、经济援助、经济一体化等多种可供选择的方式开辟新的合作内容，共同推进区域经贸发展，实现互利共赢，进而改变中国在别人眼里只是将中亚作为原料附属地和廉价商品出口市场的国家形象。这种创新的合作模式，可以使中国与中亚各国的经济联系更加紧密、相互合作更加深入、发展空间更加广阔。同时，中国应注重与中亚国家就经济发展战略和对策进行充分交流，本着求同存异原则，协商制定推进区域合作的措施，积极推动"丝绸之路经济带"与各国发展战略对接，发挥各自优势，取长补短，提升中国与中亚国家的经济合作水平，进而打造"利益共同体"和"命运共同体"。比如，中国积极支持哈萨克斯坦的"光明之路"新经济政策，因为其核心思想是加强交通基础设施建设，与中国的"一带一路"倡议非常契合，互补性强。因此，2015年5月，即习近平主席访问哈萨克斯坦期间，中国就提出在平等互利基础上推进"丝绸之路经济带"同哈萨克斯坦"光明之路"新经济政策对接，以实现共同发展繁荣。这也是中亚各国所期待的，因为在国际金融危机和世界市场石油价格跌落的情况下，只有中国能带来推动基础设施建设、促进经济繁荣所需的巨额投资。

总之，"一带一路"建设是知古鉴今、面向未来的合作倡议，是沿线各国开放合作的宏大经济愿景，并非中国唱独角戏，而是各国共同参与的合奏曲，是一个多元、开放的合作进程。中国推进"一带一路"建设不是为了地缘政治竞争，而是为了促进地缘经济合作；不是为了输出价值观念，而是要分享中国的发展经验；不是为了谋求联盟和霸权，而是基于协商基础上的合作和共赢，没有时间表，只有不断向前推进；不是封闭、保守的，而是开放、包容的。毫无疑问，在全球经济复苏缓慢、贸易保护主义再度抬头的背景下，建设"丝绸之路经济带"和"21世纪海上丝绸之路"符合亚欧国家经济发展的需求，它将提供一种全新的合作理念与模式，对促进世界和平稳定与发展繁荣具有深远意义。

"一带一路"倡议背景下中国外交的转型与风险

陈水胜

(中国政法大学博士后流动站,北京,100037)

【摘　要】	共建"丝绸之路经济带"和"21世纪海上丝绸之路",是新时期中国的三大战略重点之一,正汇集起推动中国新一轮大发展的强大动力。随着"一带一路"从倡议到行动,中国的对外开放、对外交往及全球治理等行为正朝更高层次转型升级,也透露出新时期中国具备了设置新议程的实力和底气。从目前的进展情况来看,"一带一路"建设开局良好,正在取得更多的早期收获,且已在丝绸之路沿线国家乃至整个国际社会形成一股热潮。即便如此,我们仍应进一步保持清醒的头脑,在妥善应对外部威胁挑战的同时,更加重视内部的风险防控,即注意处理好"战略协调""战略平衡""战略透支"三大全局性问题。
【关　键　词】	一带一路;中国外交转型;内部风险
【作者简介】	陈水胜,法学博士,中国政法大学博士后流动站、国务院侨办文化司。

党的十八大以来,以习近平同志为核心的党中央从实现"两个一百年"奋斗目标和中华民族伟大复兴中国梦的战略高度,进一步统筹国际、

国内两个大局，坚持内政与外交相统一、继承与创新相结合、中国特色与时代特征相融合，使新时期治国理政的思路、理念和行动都实现了创新发展，取得了一系列重大实践成果。其中，重点实施的"一带一路"、京津冀协同发展、长江经济带发展三大战略，正汇集成推动中国新一轮大发展的强大动力。①

随着中国日益崛起，特别是跃升为世界第二大经济体之后，中国无论大、小动作都会引起国际社会的广泛关注和热议。作为新时期的重大对外战略，"一带一路"倡议自2013年提出以来，在国内外引起强烈反响，并迅速形成一股热潮，"席卷"丝绸之路沿线国家和地区乃至整个国际社会。可以说，"一带一路"倡议已成为新时期中国全方位对外开放和中国特色大国外交的绚丽名片。

一 "一带一路"倡议下的三个转型升级

"一带一路"倡议之所以会受到国内外的高度重视，是因为它的启动实施标志着中国的对外开放和对外交往进入新一轮改革调整期和奋发有为期。这具体表现为以下三个转型升级。

（一）对外开放：由"请进来"与"走出去"并重升级为全方位对外开放的新格局

近代以来，中华民族遭受了深重苦难，中国远远落后于世界现代化进程。新中国成立后，特别是改革开放以来，中国才真正踏上独立自主建设强大国家的新征程。面对国内发展建设之需，相当长一段时间里我们更侧重于"请进来"，千方百计地引进国外的资金、技术和管理等，相应的，

---

① 这三大战略是在2014年12月召开的中央经济工作会上明确提出的，参见《中央经济工作会议在北京举行》，人民网，2014年12月12日，http://politics.people.com.cn/n/2014/1212/c1024-26193058.html。

也就更加重视发达市场。① 据统计,1979~2012年中国实际使用外商直接投资12761亿美元,1984~2012年以年均18%的增速高速增长,中国连续多年成为吸引外商直接投资最多的发展中国家。② 相比之下,囿于实力,中国在"走出去"方面起步较晚,力度也有限。商务部统计数据显示,2003年,中国对外直接投资总额仅为29亿美元,累计对外直接投资总额为334亿美元,分别占全球对外直接投资流量、存量的0.45%和0.48%。③ 近年来,随着"请进来"与"走出去"发展战略的加速推进,"走出去"的步伐也明显加快。2012年,中国对外直接投资净额已增加至878亿美元,存量达到5319.4亿美元,占全球流量、存量的比重分别提升至6.3%和2.3%,排名也分别跃升至第3位和第13位。④ 可以说,中国初步实现了"请进来"与"走出去"并重的目标。

在世界经济复苏乏力,中国经济进入新常态、经济下行压力较大的特殊历史背景下,中国想要保持较快发展的良好势头,一方面要靠全面深化改革来激发新的市场活力,催生新的经济增长动能;另一方面则要更加重视"走出去",开拓新的国际市场和更大的发展空间,尤其是应更加重视发展中国家和新兴经济体。换言之,也就是要在现有的"请进来"与"走出去"并重的基础上构筑全方位对外开放新格局。

"一带一路"沿线60多个国家多为发展中国家和新兴经济体,普遍处于发展的上升期、加速期,具有广阔的合作空间。因此,建设"一带一路"不仅是中国打造对外开放升级版的需要,也将为世界经济发展注入新的驱动力,符合沿线国家的战略利益,是互利双赢之举。

---

① 张业遂:《建设"一带一路"打造中国对外开放的"升级版"》,《中国发展观察》2014年第4期,第24页。
② 国家统计局:《改革开放铸辉煌 经济发展谱新篇——1978年以来我国经济社会发展的巨大变化》,《人民日报》2013年11月6日,第10版。
③ 商务部、国家统计局:《2003年度中国对外直接投资统计公报》,http://images.mofcom.gov.cn/fec/2015 12/20151204094208657.pdf。
④ 商务部、国家统计局、国家外汇管理局:《2012年度中国对外直接投资统计数据公报》,中国统计出版社,2013,第3~4页。

（二）对外交往：由和平共处、建设和谐世界升级为打造人类命运共同体

进入21世纪以来，在经济全球化、社会信息化浪潮的推动下，国与国、人与人之间相互融合、相互影响、相互依存的广度和深度都达到了前所未有的程度，世界俨然成为一个小小的"村落"。不过，无论是经济全球化还是社会信息化，其影响都是一把"双刃剑"。它们在给人们带来便利、进步的同时，也暗藏着巨大的风险与挑战。比如，在经济全球化态势下，一个国家或地区的经济危机极有可能波及许多国家和地区，甚至引发全球性经济危机。也就是说，现在不仅大国打喷嚏小国会感冒，而且小国的风吹草动也可能产生蝴蝶效应。同样是两场百年一遇的大危机，20世纪30年代的大萧条冲击的主要是美欧国家，但2008年始于美国的金融危机席卷全球，世界各国都被波及。① 可见，在全球化浪潮中，没有哪一个国家可以独善其身，大家已深深地被"网"在一起，逐步形成一荣俱荣、一损俱损的利益共同体。

新中国成立后，中国政府创造性地提出了"和平共处五项原则"，并将其作为对外交往的基本准则，积极发展同所有国家的友好合作关系，逐渐走出了一条和衷共济、合作共赢的具有中国特色的对外交往之路。在此基础上，从2005年开始，中国积极倡导推动建立持久和平、共同繁荣的和谐世界。党的十八大后，中国新一届领导集体审时度势，在和平共处、和谐发展的基础上进一步提出了与世界各国打造命运共同体的新主张。而建设"一带一路"正是打造命运共同体的生动实践，通过政策沟通、道路联通、贸易畅通、货币流通和民心相通等，以点带面，从线到片，将中国同"丝绸之路"沿线国家紧密联系在一起，真正结成牢不可破的利益共同体和命运共同体。

（三）全球治理：由"旧的全球治理"转向"新型全球治理"

如果从内涵来看，20世纪80年代末90年代初，中国提出的关于建立

---

① 王毅主编《国际形势与中国外交》，人民出版社、党建读物出版社，2015，第10页。

国际政治经济新秩序的主张，可视为20多年来中国参与全球治理的基本理念，只是一直没有采用"全球治理"的话语。1988年9月，邓小平在会见斯里兰卡客人时指出："既要建立国际经济新秩序，又要建立国际政治新秩序。"① 1988年12月，在会见印度总理拉吉夫·甘地时，邓小平更加明确地提出："世界上现在有两件事要同时做，一个是建立国际政治新秩序，一个是建立国际经济新秩序。"② 到1990年，邓小平进一步将中国的对外政策从原来的"三句话"③调整为"两条"，并特别突出建立国际政治经济新秩序的任务。他说："我们对外政策还是两条，第一条是反对霸权主义、强权政治，维护世界和平；第二条是建立国际政治新秩序和国际经济新秩序。"④

2008年以来，在国际金融危机的诱导下，各类全球性问题、威胁与挑战日益突出，成为摆在各国政府和决策者面前的重要而紧迫的课题。在此形势下，中国接受并采用了"全球治理"的话语，并多次强调要"积极参与全球治理"。⑤ 2015年10月12日，中共中央政治局专门就全球治理和全球治理体制进行了第二十七次集体学习，会上习近平总书记强调指出，随着全球性挑战增多，加强全球治理、推进全球治理体制变革已是大势所趋。这不仅事关应对各种全球性挑战，而且事关给国际秩序和国际体系定规则、定方向；不仅事关对发展制高点的争夺，而且事关各国在国际秩序和国际体系长远制度性安排中的地位与作用。我们提出"一带一路"倡议，建立以合作共赢为核心的新型国际关系，坚持正确的义利观，构建人

---

① 《1988年9月21日邓小平提议建立国际政治经济新秩序》，人民网，http://www.people.com.cn/GB/historic/0921/3106.html。
② 《邓小平与外国首脑及记者会谈录》，台海出版社，2011，第186页。
③ 邓小平指出，新中国成立后到20世纪80年代末，中国的对外政策概括起来有三句话：第一句话是反对霸权主义，第二句话是维护世界和平，第三句话是加强同第三世界的团结和合作，或者叫联合和合作。参见《邓小平文选》第2卷，人民出版社，1994，第415页。
④ 《邓小平文选》第3卷，人民出版社，1993，第353页。
⑤ 2009年7月9日，时任国务委员戴秉国在出席八国集团同发展中国家领导人对话会议时，对全球治理的目标、主体、方式和机制等提出了中国的主张。此后，中国政府领导人在各个重要场合多次强调了积极参与全球治理的态度。党的十八大报告明确提出"积极参与全球经济治理"。党的十八大以来，习近平主席多次就全球治理议题发表重要讲话，表明中国态度，提出中国主张，阐述中国方案。

类命运共同体等,这些举措顺应时代潮流,符合各国利益,增加了中国同各国的利益汇合点。①

二 推进"一带一路"建设的基本底气与进展

新形势下,中国提出"一带一路"倡议,乃"时也,势也,实力也"。这一方面是国内外政治、经济、安全等形势的发展变化使然,另一方面也是由过去 60 多年特别是改革开放近 40 年积蓄起来的实力所决定的。所以,中国不仅有智慧提出"一带一路"倡议,而且有能力推动其稳步实施,这也是中国气派的生动体现。

(一)推进"一带一路"建设的四大底气

中国有能力推动"一带一路"建设,除了政治、外交上具备许多独特优势之外,另一个决定性因素便是经济实力与发展潜力。总的来看,中国的经济实力和发展潜力集中反映在以下四个方面。

第一,长期保持着较快的增长势头。改革开放以来,中国经济蓬勃发展,一直保持着较高增速,经济总量也连上大台阶。根据国家统计局的数据,1979 年至 2012 年,中国国内生产总值年均增长 9.8%,而世界同期年均增速只有 2.8%。经济总量(GDP)也由 1978 年的 3645 亿元迅速跃升至 2012 年的 518942 亿元;② 2013 年增加到 588019 亿元;2014 年则突破 60 万亿元大关,达到 636139 亿元(突破 10 万亿美元大关);③ 据估计,到

---

① 《习近平主持中共中央政治局第二十七次集体学习》,中国网,2015 年 10 月 14 日,http://home.china.com.cn/fwzc/zyzzjxx/2015 - 10 - 14/a906176.shtml。
② 国家统计局:《改革开放铸辉煌 经济发展谱新篇——1978 年以来我国经济社会发展的巨大变化》,《人民日报》2013 年 11 月 6 日,第 10 版。
③ 统计数据采用四舍五入法,精确至个位数。根据我国 GDP 数据修订制度和国际通行做法,根据修订后的 2013 年 GDP 历史数据和有关历史资料,国家统计局对 2012 年及以前年度的 GDP 历史数据进行了系统修订。修订后的 2012 年 GDP 为 534123 亿元。参见国家统计局国家数据库,http://data.stats.gov.cn/easyquery.htm?cn = C01。

2020年中国全面建成小康社会之时,经济总量将达到17万亿美元。① 1978年,中国的经济总量仅居世界第10位;2008年超过德国,居世界第3位;到2010年则已超过日本,成为仅次于美国的世界第二大经济体。经济总量占世界的份额由1978年的1.8%提升到2012年的11.5%。② 根据世界银行的统计数据,2013年和2014年,中国经济总量占世界的份额又进一步,分别提升至12.5%和13.4%。③

中国经济保持较高增速,不仅对自身有利,而且也为世界经济发展做出了重要贡献。2008年以来,在世界各国饱受国际金融危机影响的情况下,中国作为世界经济主引擎的作用日益凸显。根据国家统计局的数据,2008~2012年,中国对世界经济增长的年均贡献率超过20%。④ 目前,这一贡献率已经达到30%。⑤ 有西方学者做过计算,2011年,中国为世界的经济增长贡献了1.3万亿美元,相当于每12周半创造出一个希腊的经济总量,每一年创造出一个西班牙的经济总量。⑥

第二,拥有庞大的消费市场。目前,中国拥有13亿多人口,是世界上最大的发展中国家,也是经济增速较快的国家之一。党的十八大提出了"两个一百年"的奋斗目标,即到中国共产党成立100年时全面建成小康社会,到新中国成立100年时建成富强民主文明和谐的社会主义现代化国家,努力实现中华民族伟大复兴的中国梦。在一个有着13亿多人口的大国实现现代化,其可预见的和不可预见的消费市场与消费能力都非常惊人。2015年9月,习近平在第三届中美省州长论坛上表示,未来5年,预计中

---

① 习近平:《在西雅图出席侨界举行的欢迎招待会时的讲话》(2015年9月23日),中华人民共和国外交部网站,http://www.fmprc.gov.cn/mfa_chn/zyxw_602251/t1300002.shtml。
② 国家统计局:《改革开放铸辉煌 经济发展谱新篇——1978年以来我国经济社会发展的巨大变化》,《人民日报》2013年11月6日,第10版。
③ 参见世界银行网站,http://data.worldbank.org/indicator。
④ 国家统计局:《改革开放铸辉煌 经济发展谱新篇——1978年以来我国经济社会发展的巨大变化》,《人民日报》2013年11月6日,第10版。
⑤ 习近平:《发挥亚太引领作用应对世界经济挑战——在亚太经合组织工商领导人峰会上的主旨演讲》(2015年11月18日),中华人民共和国外交部网站,http://www.fmprc.gov.cn/web/zyxw/t1316081.shtml。
⑥ 国纪平:《中国道路的世界意义》,《人民日报》2014年9月30日,第3版。

国将进口10万亿美元商品，对外投资将超过5000亿美元，出境旅游人数将超过5亿人次。①

更难能可贵的是，在其他国家和地区贸易保护主义有所抬头的情况下，中国却不惧艰难，进一步实施全方位对外开放，希望通过共建"一带一路"，与周边国家和广大发展中国家一道共同发展。中国欢迎周边国家和发展中国家搭乘中国发展的"便车""快车"。2014年8月22日，习近平主席在蒙古国国家大呼拉尔演讲时强调指出："中国愿意为包括蒙古国在内的周边国家提供共同发展的机遇和空间，欢迎大家搭乘中国发展的列车，搭快车也好，搭便车也好，我们都欢迎，正所谓'独行快，众行远'。"②

第三，拥有雄厚的外汇储备。改革开放以来，随着中国对外经济的发展壮大，经常项目贸易盈余不断积累，中国"兜"里的钱也迅速多了起来。短短几十年时间，中国便实现了从外汇短缺国到世界第一大外汇储备国的巨大转变。1978年，中国外汇储备仅为1.67亿美元，居世界第38位，人均只有0.17美元，折合成人民币不足1块钱；1990年超过百亿美元，达到111亿美元；1996年超过千亿美元，达到1050亿美元；2006年超过1万亿美元，达到10663亿美元，超过日本，居世界第1位；2011年超过3万亿美元；2012年达到33116亿美元；2013年和2014年则分别达到38213亿美元和38430亿美元。③

经济实力的增长，特别是拥有数额较大的外汇储备，使中国在全球金融稳定与改革方面更具话语权，世界银行份额改革以及人民币获准加入国际货币基金组织的特别提款权篮子等就是重要体现。同时，正是由于拥有

---

① 《习近平：未来5年预计中国将进口10万亿美元商品》，中国青年网，2015年9月24日，http://news.youth.cn/sz/201509/t20150924_7148709.htm。

② 习近平：《守望相助，共创中蒙关系发展新时代——在蒙古国国家大呼拉尔的演讲》，《人民日报》2014年8月23日，第2版。

③ 综合参考了国家统计局《改革开放铸辉煌 经济发展谱新篇——1978年以来我国经济社会发展的巨大变化》，《人民日报》2013年11月6日，第10版；国家统计局国家数据库，http://data.stats.gov.cn/easyquery.htm?cn=C01；国家外汇管理局统计数据库，http://www.safe.gov.cn/。

了一定的实力,中国才可能倡导创立亚洲基础设施投资银行和金砖国家开发银行,开发展中国家组建多边金融机构的先河。

第四,拥有优越的中国制造。新中国成立后,尤其是改革开放以来,中国的制造业持续快速发展,建成了门类齐全、独立完整的产业体系,有力地推动了工业化和现代化进程。中国依靠大量的劳动力、完善的产业配套、良好的基础设施等比较优势迅速崛起,成为世界第一制造业大国,全球综合竞争力和影响力不断提升。从规模看,中国制造业规模和产品出口已跃居世界首位,2014年货物出口规模进一步扩大,出口额达14.4万亿元。联合国工业发展组织的数据显示,2012年中国工业竞争力指数全球排名升至第五位。从结构看,出口产品结构进一步优化,机电产品占56%,高新技术产品占29%。服务贸易从小到大,成为对外贸易的重要组成部分。产业资本"走出去"步伐加快,2014年境外非金融类直接投资接近1200亿美元,与利用外资并驾齐驱。从影响力看,优势产业国际竞争力显著增强,高速轨道交通装备、通信装备、电力装备和工程机械等领域已形成一批具有国际竞争力的企业群体,并在国际市场上崭露头角。①

当前,全球产业结构加速调整,基础设施建设方兴未艾,发展中国家大力推进工业化、城镇化进程,为推进国际产能和装备制造合作提供了重要机遇。中国产能与中国装备的比较优势明显,具备较强的综合竞争力,深受众多国家和民众的喜爱。

(二)推进"一带一路"建设的进展

习近平在国际场合提出"一带一路"倡议后,雷厉风行,坚持从自己做起,亲自抓好从倡议到行动的推动落实工作。2014年11月,在中央财经领导小组第八次会议上,习近平强调指出:"丝绸之路经济带和21世纪海上丝绸之路倡议顺应了时代要求和各国加快发展的愿望,提供了一个包容性巨大的发展平台,具有深厚历史渊源和人文基础,能够把快速发展的中国经济同沿线国家的利益结合起来。要集中力量办好这件大事,秉持

---

① 刘利华:《构筑中国制造走出去的新优势》,《求是》2015年第10期。

亲、诚、惠、容的周边外交理念,近睦远交,使沿线国家对我们更认同、更亲近、更支持。"① 为此,中国还决定发起建立亚洲基础设施投资银行和设立丝路基金,为推进"一带一路"建设提供资金支持。

根据习近平的指示和要求,从中央到地方也都迅速行动起来,积极贯彻落实。2015年2月,成立了以中共中央政治局常委、国务院副总理张高丽领衔的"一带一路"建设工作领导小组。② 同年3月,经国务院授权,国家发展和改革委、外交部、商务部联合发布了《推动共建丝绸之路经济带和21世纪海上丝绸之路的愿景与行动》,也被称作《"一带一路"规划》。③ 中央各有关部门及各相关省区市也都陆续提出了本部门、本地区推进"一带一路"的规划。如今,"一带一路"已成为中国对外工作的一张新"名片",几乎在所有重要的内事会议和外事活动中都会被提及,不断地被强调和突出。

在中国的积极推动下,"一带一路"建设开局良好,有的已实现早期收获。截至2016年6月,中国已同30多个国家签署了共建"一带一路"合作协议,同20个国家签署了产能合作协议,同"一带一路"沿线17个国家共同建设了46个境外合作区,中国企业累计投资超过140亿美元,为当地创造6万个就业岗位。2015年,中国同"一带一路"参与国双边贸易额突破1万亿美元,占中国外贸总额的25%,中国企业对"一带一路"沿线49个国家的直接投资额近150亿美元,同比增长18%;"一带一路"参与国对华投资额超过82亿美元,同比增长25%。④ "一带一路"建设已经初步完成规划和布局,正在向落地生根、深耕细作、持久发展阶段迈进。

---

① 《习近平主持召开中央财经领导小组第八次会议》,人民网,2014年11月6日,http://politics.people.com.cn/n/2014/1106/c70731-25989646.html。
② 《"一带一路"建设工作领导小组亮相》,人民网,2015年2月9日,http://world.people.com.cn/n/2015/0209/c1002-26532327.html。
③ 《〈推动共建丝绸之路经济带和21世纪海上丝绸之路的愿景与行动〉发布》,新华网,2015年3月,http://news.xinhuanet.com/gangao/2015-06/08/c_127890670.htm。
④ 习近平:《携手共创丝绸之路新辉煌——在乌兹别克斯坦最高会议立法院的演讲》,《人民日报》2016年6月23日,第2版。

三 推进"一带一路"建设面临的内部风险问题

面对日趋升温的"一带一路"热,已有不少学者对其可能面临的外部风险、挑战与威胁等进行了广泛的研讨。[①] 的确,丝绸之路沿线国家多达60余个,各个国家的国情、政情、社情存在一定的差异,加之域外大国因素的影响,决定了其推进过程不可能是一帆风顺的,必须有攻坚克难的心理准备。不过,无论外部风险挑战大与小、多与少,只要中国自己能够稳住阵脚、找准方向、形成合力,就一定能够稳步前行,使"一带一路"倡议落地生根、开花结果。

从宏观层面来看,推进"一带一路"建设可能面临三大方面的内部风险或问题。

一是"战略协调"问题。中国的一大优势就是能够集中力量办大事,这十分有利于重大战略的组织实施。就"一带一路"而言,从其提出到出台,再到与30多个国家签署合作协议以及亚投行"开门营业"等,仅仅用了两年多的时间,推进之快、力度之大、成效之好可见一斑。这就是中国制度优势的生动体现,从中央各部门、地方各级政府到各类企事业单位,都能认真履行各自职能,发挥各自优势,积极参与"一带一路"建设,许多部门和地方还出台了相应的工作方案。

当然,国内参与主体的多元化和参与热情的高涨也引发了"战略协调"问题。毕竟,从参与成本来讲,参与主体一般都会倾向于选择风险小、收益率高的地方或行业。具体到"一带一路"建设上,就有可能扎堆同那些反应积极且政局稳定的国家(地区)开展合作,也可能会集中于收

---

① 参见时殷弘《"一带一路":祈愿审慎》,《世界经济与政治》2015年第7期,第151~154页;林跃勤《"一带一路"构想:挑战与应对》,《湖南财政经济学院学报》2015年第2期,第5~17页;巴殿君、朱振恺《论"一带一路"战略内涵、风险及前景——以国际关系为视角》,《湖北社会科学》2015年第10期,第38~42页;孔根红《推进"一带一路"宜处理好若干关系》,《中国投资》2014年第10期,第46~49页;楼春豪《21世纪海上丝绸之路的风险与挑战》,《印度洋经济体研究》2014年第5期,第4~15页。

益见效较快的行业和领域。因此，如果协调力度不够或者协调节奏跟不上，就可能出现"一哄而上""扎堆""打乱仗"等情况，进而对"一带一路"的实施，乃至中国的国际形象造成不良影响。

二是"战略平衡"问题。毫无疑问，"一带一路"作为三大战略之一，是新时期中国对外工作的"重头戏"。但是，它又不可能是全部。因此，在大力推进"一带一路"建设的同时，也要注意保持"战略平衡"。比如，要注意平衡对"丝绸之路"国家与非"丝绸之路"国家的投入问题，避免给外界造成"厚此薄彼""顾此失彼"的不良印象，影响中国构建全球伙伴关系网的进程。又如，要注意平衡"请进来"和"走出去"的关系。"一带一路"更加强调"走出去"，旨在努力将中国积蓄的发展优势同各国的发展战略相衔接，实现共同发展。然而，作为发展中大国，中国对资金、人才、技术等要素仍有很大的需求，"请进来"依然是中国保持较快发展势头的重要条件。

三是"战略透支"问题。改革开放以来，特别是近20年来，中国的强势崛起不仅有力地增强了自身的综合国力，而且深刻地改变着后冷战时代的国际秩序。然而，在看到中国进步强大一面的同时，也绝不能忽视自身"2+1"的基本属性并没有发生根本性改变，即中国仍是世界上最大的发展中国家、最大的社会主义国家和尚未完全统一的崛起中的大国。这就决定了中国在制定和推进对外战略时，必须保持战略审慎。换言之，就是要做到量力而行与突出重点相结合。

有学者认为，中国在最近三年这么短的时间里开辟或巩固了那么多"新战场"或"新战线"，但其中没有哪一个是能够短期内定胜负的。因此，中国将在可预见的未来同时从事多项或多线"战斗"。从战略常理来说，这是一种令人忧虑的局面。① 所以，作为"重头戏"，中国在推进"一带一路"建设时应该继续保持战略审慎，避免出现"战略透支"。

总之，实施"一带一路"倡议是全面推进中国特色大国外交的生动体现和重要依托，也是实现"两个一百年"奋斗目标和中华民族伟大复兴中

---

① 时殷弘：《"一带一路"：祈愿审慎》，《世界经济与政治》2015年第7期，第154页。

国梦的必然要求。在中国"将强未强""将起未起"的关键档口上,推进"一带一路"建设时,既要保持战略自信和战略主动,更宜谦逊低调,保持战略审慎与战略平衡。唯有如此,方能让"一带一路"企稳走好,并在较短时期内形成明显的战略优势。

"丝绸之路经济带"视角下的中—吉—乌铁路计划

曹伟

(兰州大学管理学院、中亚研究所,甘肃 兰州,730000)

【摘　要】基础设施的互联互通是"丝绸之路经济带"建设的优先领域。中亚地区是"丝绸之路经济带"的必经之地,贯穿中亚地区的国际铁路网的建成是"丝绸之路经济带"重要倡议得以落实的必要条件。中—吉—乌铁路计划是南部丝绸之路交通线的重要组成部分,不仅关系到南疆地区面向中亚地区的对外开放战略的实施,而且关系到整个"丝绸之路经济带"倡议的落实。中—吉—乌铁路的建设过程充满波折,这也提醒我们在"丝绸之路经济带"建设中应当进一步加强与沿线国家的政策沟通,充分考虑对方国家的利益关切。

【关　键　词】丝绸之路经济带;中—吉—乌铁路;吉乌关系

【作者简介】曹伟,博士,兰州大学管理学院、兰州大学中亚研究所讲师,主要研究方向:新疆问题及中国周边外交。

习近平主席于 2013 年访问哈萨克斯坦期间提出"丝绸之路经济带"

---

* 本文系 2016 年兰州大学"中央高校基本科研业务费专项资金"(Supported by the Fundamental Research Fundsfor the Central Universities)"一带一路"专项基金项目"中巴经济走廊建设与新疆发展稳定关系研究"(项目编号:16LZUJBWZX015)的阶段性成果。

重大倡议之后，中国又于2015年公布了《推动共建丝绸之路经济带和21世纪海上丝绸之路的愿景与行动》这一纲领性文件，其中就"丝绸之路经济带"建设提出了更为具体的规划。"丝绸之路经济带"重大倡议提出近两年来，在海内外引起了广泛而持续的关注，"丝绸之路经济带"沿线诸多国家积极寻求将本国的发展战略与"丝绸之路经济带"相对接，希望搭上中国经济发展的"顺风车"。① 同时，我们也应该看到，尽管中国是"丝绸之路经济带"重要倡议的倡议者，但其规划与建设不可能由中国单独实现，必须要与丝绸之路沿线其他国家充分交流合作、共同落实。在"丝绸之路经济带"建设中，中亚国家是连接东亚与西亚、欧洲的重要纽带，也是新疆向西开放的必经之地。中亚各国普遍对"丝绸之路经济带"倡议表现出较为强烈的兴趣和预期，希望借此推动本国经济的发展，但是也有个别中亚国家针对"丝绸之路经济带"重要倡议的政策出现了一些反复。因此，我们有必要对中亚国家对"丝绸之路经济带"倡议的认知与对策进行深入研究。

一 中—吉—乌铁路计划一波三折

2013年，习近平主席在哈萨克斯坦纳扎尔巴耶夫大学的演讲中提出，"将打通从太平洋到波罗的海的运输大通道。在此基础上，我们愿同各方积极探讨完善跨境交通基础设施，逐步形成连接东亚、西亚、南亚的交通运输网络，为各国经济发展和人员往来提供便利"。② 《推动共建丝绸之路经济带和21世纪海上丝绸之路的愿景与行动》进一步提出："丝绸之路经济带重点畅通中国经中亚、俄罗斯至欧洲（波罗的海）；中国经中亚、西

---

① 包兴安：《中国与30多国签署"一带一路"合作协议》，《证券日报》2016年6月3日，第1版。
② 《习近平在纳扎尔巴耶夫大学的演讲》，新华网，2013年9月8日，http://news.xinhuanet.com/politics/2013-09/08/c_117273079_3.htm。

亚至波斯湾、地中海；中国至东南亚、南亚、印度洋。"[①] 连接丝绸之路沿线国家和地区的基础设施的互联互通是"丝绸之路经济带"建设的优先领域，丝绸之路现代交通的畅通是"丝绸之路经济带"得以建成的必要条件，连接新疆与中亚国家的跨国铁路是提升新疆与中亚国家经济文化交流的重要载体。规划中的中国—吉尔吉斯斯坦—乌兹别克斯坦铁路（简称"中—吉—乌铁路"，下同）就是一条连接中国与中亚国家吉尔吉斯斯坦、乌兹别克斯坦的重要的跨国铁路运输线。

在历史上，横跨欧亚大陆的陆上丝绸之路不仅是一条东西方商品流通的通道，也是一条东西方文化、宗教交流和人员往来的孔道，骡马与骆驼是当时主要的交通工具。一般认为，陆上丝绸之路可分为东、中、西三段，而每一段又可分为中、南、北三条线路。其中中段的大部分路段位于今新疆境内，中段的三条线包括：（1）南线：东起阳关，沿塔克拉玛干沙漠南缘，经鄯善（今若羌）、于阗（今和田）、莎车等至葱岭；（2）中线：起自玉门关，沿塔克拉玛干沙漠北缘，经楼兰（今罗布泊）、车师（或称高昌，今吐鲁番）、尉犁（今焉耆）、龟兹（今库车）、姑墨（今阿克苏）、疏勒（今喀什）到大宛（今费尔干纳盆地）；（3）北线：起自安西（今瓜州），经伊吾（今哈密）、庭州（今吉木萨尔）、伊犁（今伊宁），直到碎叶。丝绸之路进入中亚后分为两支，一支经钹汗国（今费尔纳）、康国（今撒马尔罕）、安国（今布哈拉）至木鹿与中道交会西行；一支经怛罗斯，沿锡尔河西北行，绕过咸海、里海北岸，至亚速海东岸的塔那，由水路转刻赤，抵君士坦丁堡（今伊斯坦布尔）。陆上丝绸之路的兴盛，曾经给沿线国家和民族带来经济的繁荣和文化的昌盛，并留下了大量的历史文化遗产。但是近代以来，由于新航路开辟、世界经济中心转移以及战乱频仍等因素的影响，国际贸易路线也随之转移，陆上丝绸之路逐渐衰落，中亚及新疆等地丝路沿线的绿洲城市也随之凋敝。

现代交通运输网络的畅通是"丝绸之路经济带"得以建成的重要依托

[①]《〈推动共建丝绸之路经济带和21世纪海上丝绸之路的愿景与行动〉发布》，新华网，2015年6月8日，http://news.xinhuanet.com/gangao/2015-06/08/c_127890670.htm。

与支架，也是欧亚大陆腹地经济复兴的必要条件。"丝绸之路经济带"重要倡议的提出是中国向西开放战略的重要组成部分，旨在提升丝绸之路沿线中西部各省区的对外开放水平，促进当地社会经济的发展。欲复兴丝绸之路沿线地区的经济，必须先打通丝绸之路，建成现代化的交通运输网络。正如前文所言，古代丝绸之路在新疆境内有三条线路通往中亚地区，但是近代以来，新疆与中亚间的现代交通运输十分落后。直至1962年兰新铁路建成通车，才结束了新疆不通铁路的历史；20世纪90年代初，北疆铁路的建成通车终于打通了新疆与中亚地区的铁路交通。同期建成通车的第二欧亚大陆桥尽管在建设时并未被冠以"丝绸之路计划"等名称，但其实际上是沿古丝绸之路展开的，丝绸之路是它的主干。而作为古丝绸之路重要过境段的南疆地区迟至20世纪末才开通火车，但是该地区与中亚之间依然没有铁路运输通道。

早在1997年，中国、吉尔吉斯斯坦、乌兹别克斯坦三方曾就修建一条联通三国的铁路项目签署了备忘录。进入21世纪以后，在亚洲开发银行的支持下，南疆地区通往中亚地区的铁路建设计划开始被提上议事日程，而今计划修建的中—吉—乌铁路便是当时规划中的欧亚交通运输网络的重要组成部分，一旦建成，就可以极大地便利南疆地区与中亚国家的经贸往来。但该方案最初只包括中吉铁路，是2002年前后亚洲开发银行的一个规划项目。当时规划的路线大致有两条：（1）喀什—吐尔尕特—卡拉苏；（2）喀什—伊尔克什坦。后来中国又提出第三条路线，即阿克苏—喀什—卡拉克尔—雷巴奇耶—奥什（该方案的好处是兼顾了连接吉尔吉斯南北方）。2005年以后，有关方面又提出将中吉铁路延伸到乌兹别克斯坦境内，也就是目前的中—吉—乌铁路方案。之后围绕着中—吉—乌铁路方案，相关国家的有关部门进行了长期的沟通与协调。中国政府与吉尔吉斯斯坦政府曾讨论了四种铁路建设方案：（1）安集延—奥什—伊尔克什坦；（2）贾拉拉巴德—巴噶什—卡扎尔曼—吐尔尕特；（3）卡拉库利贾—阿莱库；（4）卡拉苏—库尔沙布—乌兹根—阿尔帕—喀什。其中，第四种方案曾受到吉方的欢迎。

中—吉—乌铁路尽管从提出至今已近20年时间，但是由于种种原因，一直停留在图纸上而未能开建，这其中吉尔吉斯斯坦国内政局的动荡和吉政府态度的反复是一个重要原因。中吉双方自 2000 年开始就围绕中—吉—乌铁路项目进行磋商,并由中方出资进行了技术论证。2008 年 6 月底,中、吉、乌三方原则上同意建设一条连接东亚和欧洲以及中东国家的铁路。之后便没有了下文,直到 2012 年 4 月 17 日,吉尔吉斯斯坦交通通信部与中国路桥工程责任有限公司(以下简称"中国路桥公司")就中—吉—乌铁路项目签署了合作备忘录。时任吉国总理的巴巴诺夫还会见了中国路桥公司代表团一行并强调:"建设中吉乌铁路对我们国家具有重要意义。"① 2013 年 9 月 7 日,习近平主席在哈萨克斯坦正式提出"丝绸之路经济带"重要倡议,4 天后习近平主席到访吉尔吉斯斯坦,在与吉尔吉斯斯坦总统阿坦巴耶夫的会谈中,阿坦巴耶夫明确指出,吉方支持习近平主席建设"丝绸之路经济带"的倡议,愿同中方扩大经贸、能源、互联互通、人文等领域合作。② 但由于吉尔吉斯斯坦仍未在是否参与修建中—吉—乌铁路问题上拿定主意,原定在 2013 年上海合作组织峰会上签署关于修建中—吉—乌铁路协议书的计划最终流产。

2015 年底,中—吉—乌铁路项目再次出现转机。当年 12 月 22 日,吉尔吉斯斯坦总理萨利耶夫在吉国内一家公共广播电台做直播讲话时透露,中—吉—乌铁路将于 2016 年动工修建。他还指出,从未来发展看,中—吉—乌铁路有可能延伸到伊朗,这将为吉尔吉斯斯坦打开一条海上运输通道。③ 2016 年 5 月 31 日~6 月 1 日,中、吉、乌三方在北京召开了中—吉—乌铁路三方联合工作组第一次会议,三方共同就联合工作组工作范围、中—吉—乌铁路线路走向和轨距标准、下一步工作计划等深入交换了意见,并签署了会议纪要。④

---

① 《胡锦涛呼吁加快中吉乌铁路通道建设》,东方网,2012 年 6 月 6 日,http://news.eastday.com/c/20120606/u1a6604920.html。
② 《习近平同吉尔吉斯斯坦总统阿坦巴耶夫举行会谈 宣布中吉关系提升为战略伙伴关系》,人民网,2013 年 9 月 11 日,http://politics.people.com.cn/n/2013/0911/c1024-22889572.html。
③ 《吉尔吉斯总理:中吉乌铁路 2016 年动工修建》,中国经济网,2015 年 12 月 23 日,http://intl.ce.cn/specials/zxgjzh/201512/23/t20151223_7764208.shtml。
④ 《中吉乌铁路三方联合工作组第一次会议在京召开》,2016 年 6 月 3 日,中华人民共和国国家发展和改革委员会网站,http://www.ndrc.gov.cn/gzdt/201606/t20160603_806413.html?gs_ws=tsina_636006150224740243。

二 吉尔吉斯斯坦对中—吉—乌铁路的态度

吉尔吉斯斯坦作为中亚地区一个领土狭小的国家，交通运输以公路运输为主，公路总长3.4万公里，铁路总长仅431公里。① 2012年，公路完成货运量3945.64万吨，同比增长4.5%；完成客运量6.03亿人次，同比增长6.3%。同年，铁路完成货运量111.92万吨，同比增长8.3%；完成客运量55.31万人次，同比下降7.3%。② 中—吉—乌铁路如果能够建成通车，那么将使吉尔吉斯斯坦的铁路运力得到提升，全年货运量可能高达1500万吨，客运量也可达到每年25万人次，③ 而且铁路建设还将为该国创造3万个临时工作岗位，铁路如果建成，则将带来3000多个固定的就业机会。④ 吉尔吉斯斯坦尽管希望加快本国的铁路建设，但是该国政府政策的摇摆不定严重影响了整条铁路的建设进度。导致吉尔吉斯斯坦在中—吉—乌铁路建设上政策出现反复的原因比较复杂，既有该国国内政治斗争的因素，也有中亚地区国际关系的因素。

（一）吉尔吉斯斯坦国内政局动荡导致政府的政策不连续

吉尔吉斯斯坦自1991年正式独立以来，国内政治局势一直不稳定，曾于2005年和2010年先后发生过两次"颜色革命"或"政变"，并导致两任总统阿卡耶夫、巴基耶夫被迫流亡海外。政府的非正常更迭导致继任的政府对前任政府的许多政策采取不予承认的态度，这也影响到了中—吉—

---

① http://euroasia.cass.cn/news/96499.htm, July 15, 2014.
② http://www.fmprc.gov.cn/mfa_chn/gjhdq_603914/gj_603916/yz_603918/1206_604258/, July 15, 2014.
③ Bakyt Ibraimov, "Kyrgyzstan Eager for Direct Rail Link to China," *Silk Road Reporters*, http://www.silkroadreporters.com/2015/02/07/kyrgyzstan-eager-direct-rail-link-china/, February 7, 2015.
④ Fozil Mashrab, "Bishkek Puts Brakeson China-Kyrgyzstan-Uzbekistan Railway," *Jamestown*, http://www.jamestown.org/programs/edm/single/?tx_ttnews%5Btt_news%5D=44562#.VxczJKEitSg, November 3, 2015.

乌铁路的推进。譬如，巴基耶夫担任吉尔吉斯斯坦总统期间，为了解决中—吉—乌铁路建设的融资问题，曾倾向于用"资源换项目"（该模式已应用在中—吉—乌公路项目上①）方式解决资金筹措问题，具体的实施方式为：中国国家开发银行提供项目融资，吉方提供伊斯坦贝尔德金矿供中方开采。2011年，新上任的吉尔吉斯斯坦总统阿坦巴耶夫公开表示，吉方将放弃"资源换项目"融资方式。2013年底，阿坦巴耶夫政府甚至突然宣布退出中—吉—乌铁路建设，理由是"中国—吉尔吉斯斯坦—乌兹别克斯坦铁路是北京和塔什干最需要的。这条铁路不会解决吉尔吉斯斯坦的任何问题"。② 与此同时，吉国内反对派也出面反对中—吉—乌铁路，声称"中国通过对建设的投资获得了通向吉尔吉斯斯坦白银、铝、铜和煤炭资源的路径"。③

（二）吉尔吉斯斯坦国内围绕究竟修建南北走向的铁路还是东西走向的铁路存在着激烈的争论

吉尔吉斯斯坦全国划分为7州2市④，州、市下设区，共有60个区。吉尔吉斯斯坦是一个南北方差异很大的国家，其政治中心（首都比什凯克）在北方，而经济中心在南方。目前，南方的GDP比北方要高一些。为了加强对南方的管控，吉尔吉斯斯坦于2000年将南方重镇奥什市设立为第二首都。奥什曾经是整个苏联丝绸工业的中心，奥什有全苏联最大的缫丝厂（有8000多名工人）和最大的丝织厂（有12000多名工人）。但是苏联

---

① 中—吉—乌公路东起伊尔克什坦口岸，穿过吉尔吉斯斯坦南部主要城市奥什，最终到达乌兹别克斯坦首都塔什干，全长959公里。其中，2011年8月竣工的伊尔克什坦至奥什路段中的约50公里采用了"资源换项目"模式。参见《胡锦涛呼吁加快中吉乌铁路通道建设》，东方网，2012年6月6日，http://news.eastday.com/c/20120606/u1a6604920.html。
② 《吉尔吉斯斯坦拒绝中国修建铁路》，俄罗斯之声，2013年12月19日，http://sputniknews.cn/radiovr.com.cn/2013_12_19/256304796/。
③ 《吉尔吉斯斯坦拒绝中国修建铁路》，俄罗斯之声，2013年12月19日，http://sputniknews.cn/radiovr.com.cn/2013_12_19/256304796/。
④ 7州分别为楚河州、塔拉斯州、奥什州、贾拉拉巴德州、纳伦州、伊塞克湖州、巴特肯州，2市分别为首都比什凯克市和奥什市。其中奥什州、巴特肯州、贾拉拉巴德州、奥什市属于南方地区。

解体后，这两个全苏联最大的工厂都关闭了。

吉尔吉斯斯坦北方与北部邻国哈萨克斯坦的交通联系十分方便，而南方与西部邻国乌兹别克斯坦的交通也很便利，有铁路，也有公路。但是由于受自然地理因素制约，吉尔吉斯斯坦国内南北方之间的交通极为不便。横亘于该国中部的阿赖山（呈东北—西南走向）是南北方的地理分界线，该山绵延400公里，最高峰海拔5539米，使南北交通极为不便，沟通南北的只有一条苏联时期修建的公路，且由于海拔最高处达1000多米，一到冬天，稍微一下雨就不能通车。2006年，吉尔吉斯斯坦政府总理库洛夫表示，至于铁路的具体走向，吉中双方需签署一份协议来加以明确，即是经吉尔吉斯斯坦南部通向乌兹别克斯坦，还是经吉尔吉斯斯坦北部通向哈萨克斯坦。① 前几年，中国路桥公司耗资2亿多美元，在阿赖山上打通了一条隧道，把原来那条公路的高度下降了几百米，现在这条公路可以常年正常通车。虽然如此，但毕竟是公路，还是没有铁路方便。目前，比什凯克和奥什市尽管有铁路连接，但是需要绕道哈萨克斯坦（奇姆肯特）和乌兹别克斯坦（塔什干），这对吉尔吉斯斯坦南北的经济联系显然很不利。更让吉尔吉斯斯坦感到忧虑的是，它与邻国乌兹别克斯坦的关系长期不和，一旦遇到紧急情况，南北交通极有可能被人为阻断。此外，吉尔吉斯斯坦国内的政治精英分子也担心，如果中—吉—乌铁路仅穿越南方并通向乌兹别克斯坦，则将进一步壮大南方的经济实力，这是来自北方的政治精英分子所不乐见的。

（三）吉尔吉斯斯坦国内存在复杂的民族矛盾，曾发生严重的民族冲突

吉尔吉斯斯坦全国总人口554.3万人（2013年），有80多个民族，其中吉尔吉斯人占总人口的71%，乌兹别克人占14.3%。② 从民族分布上看，乌兹别克人主要分布在南方，奥什州的乌兹别克人很多，占到全州总

---

① 《吉尔吉斯斯坦将尽快建设连接中国的铁路》，新华网，http://news.xinhuanet.com/world/2006-03/20/content_4324313.htm。

② http://news.xinhuanet.com/ziliao/2002-06/18/content_445951.htm。

人口的31%以上（2003年），而到2009年，奥什州首府奥什市乌兹别克人已占到全市总人口的48.3%。[①] 长期以来，吉尔吉斯斯坦南部的吉尔吉斯人和乌兹别克人关系一直不睦。历史上，吉尔吉斯斯坦南部的乌兹别克人比吉尔吉斯人定居得早，当地的乌兹别克人认为吉尔吉斯人是外来者，这导致这两个民族的主客关系和社会地位明显不同。在沙俄征服中亚之前，中亚南部的三个汗国——浩罕汗国、希瓦汗国和布哈拉汗国都是以乌兹别克人为主体建立的王朝，吉尔吉斯人的地位要比乌兹别克人低得多，政治地位、经济地位和其他地位都是如此，在文化上也一样，但是两个民族并没有发生过严重的冲突。十月革命以后，苏联于1926年在中亚地区进行了民族识别，建立了民族国家，在这个过程中，一部分乌兹别克人和吉尔吉斯人之间的矛盾被激化。

苏联解体前夕，在20世纪第三次民族主义浪潮的冲击下，中亚各国的民族意识空前强烈，加剧了这一地区的民族矛盾和冲突。1990年6月4日，吉尔吉斯共和国南部的奥什市发生了严重的民族冲突，亦称"奥什事件"，冲突源于乌兹别克人和吉尔吉斯人的土地纠纷。起初仅限于奥什市周围和乌兹根市，后来迅速波及其他城市，乌兹根市、贾拉拉巴德市和奥什市大量的吉尔吉斯人和乌兹别克人卷入冲突。到目前为止，还没有任何详细的官方资料介绍"奥什事件"的结果。但是一些资料显示，双方卷入冲突的人加起来大概在3万~4万人，伤亡人数统计最低的是死亡360人，伤2000多人，而最高的是死亡2000多人，伤1万多人。冲突发生后，尽管当时苏联中央政府派军队以强制手段控制住了局势（除本地冲突外，当时2万多名乌兹别克加盟共和国的乌兹别克人赶往奥什增援，被强行阻止），但是仍造成了严重的后果。此次事件之后，不少吉尔吉斯人和乌兹别克人迁往本族人口比较集中的街区、村镇等，双方结下了很深的民族仇恨，乌兹别克人和吉尔吉斯人的矛盾与冲突成为影响吉尔吉斯斯坦南部稳定安全的重要因素。

---

① http://baike.baidu.com/link?url = F65D3g1ZAhIXo - MjgEazBvyMFWuJSPwM7ApkNFegEMPD1qOnKXGQMDXN6CX_ WiCB.

2010年6月,吉尔吉斯斯坦南部的奥什市、奥什州、贾拉拉巴德州再次爆发严重的民族冲突——"六月事件",造成了重大的人员伤亡和财产损失。截至2010年12月10日,在奥什市、奥什州和贾拉拉巴德州共发现426具尸体,已确认身份的有381人,其中乌兹别克人276人,吉尔吉斯人105人,其他民族的有2人,身份未得到确认的有45人;1930人受伤,其中有925人被烧伤;军队中也有人员伤亡,内务部有10人死亡,172人受伤(127名军官、43名警官和2名内务部的退休人员);国家安全局边防军有1名军官死亡,2名军人受伤。"六月事件"发生期间,3671家单位的财产遭到破坏和抢劫,其中国家单位257家,私人单位3414家,还有1961间住房遭破坏,犯罪活动造成的经济损失总额达3757661429索姆(1美元约合46索姆)。① 此次民族冲突不仅造成严重的人道主义危机,出现大量难民,而且给吉尔吉斯斯坦的国内社会稳定带来严重的消极影响。在骚乱发生期间及之后,奥什市、奥什州和贾拉拉巴德州的75000多名难民迁往乌兹别克斯坦,几千名吉尔吉斯人迁往山区或者北方,还有38213人迁往乌兹别克斯坦以外的其他国家(主要是迁往俄罗斯),这些人大部分为乌兹别克人。② 另据由芬兰前国会议员基予南(Kimmo Kijunen)领导的国际调查委员会的报告,"六月事件"共导致470人死亡,1900多人受伤,40多万人流离失所,人数不详的女性遭受了性暴力。③ 吉尔吉斯斯坦官方和独立调查团对"六月事件"各执一词,对伤亡人数和财产损失情况的报道也有不同的版本。尽管"六月事件"已经过去7年,但是关于事件的起因和过程还存在诸多的疑团。另外,吉尔吉斯斯坦南部局势仍然紧张,

---

① Комментарии правительства Кыргызстана к отчету международной независимой комиссии по исследованию событий На юге Кыргызстана в июне 2010 года. http://www.fergananews.com/archive/2011/kg_comments_russian_final.pdf.

② Комментарии правительства Кыргызстана к отчету международной независимой комиссии по исследованию событий На юге Кыргызстана в июне 2010 года. http://www.fergananews.com/archive/2011/kg_comments_russian_final.pdf.

③ 《人权高专对此吉尔吉斯斯坦族裔暴力事件报告公布表示欢迎》,联合国新闻网,2011年5月4日,http://www.un.org/chinese/News/story.asp?NewsID=15527。

再次爆发民族冲突的危险也依然存在。① 这也是吉尔吉斯斯坦政府在铁路建设中不得不考虑的重要因素。

（四）受吉尔吉斯斯坦周边外交布局的影响

吉尔吉斯斯坦作为一个位于中亚的内陆国家，共有四个邻国，分别是中国（东）、塔吉克斯坦（南）、乌兹别克斯坦（西）、哈萨克斯坦（北）。它是独联体和上海合作组织的成员国，与区域外的俄罗斯和美国也保持着密切的关系。四个邻国中，吉尔吉斯斯坦与乌兹别克斯坦的关系长期不睦，而与哈萨克斯坦的关系十分密切。导致吉尔吉斯斯坦与乌兹别克斯坦两国关系长期不和的原因，既有跨界民族问题，也有领土边界、水资源争议，而历史与现实因素又往往交织在一起，使两国关系变得更加复杂。在上述大背景下，中—吉—乌铁路项目也受到连累。

吉乌两个国家之间的矛盾和吉乌两个民族之间的矛盾相互交织在一起。一方面，吉乌两国之间的矛盾影响到吉尔吉斯斯坦国内吉乌两族的关系，而另一方面，吉尔吉斯斯坦国内的民族矛盾又反过来影响了两国的关系。十月革命以后，苏联在于中亚地区进行民族识别和建立民族国家的过程中划定了各民族加盟共和国的边界，乌兹别克人居多数的奥什市被划归吉尔吉斯共和国，这遭到乌兹别克人和乌兹别克共和国的强烈反对。但在当时的情况下，这种不满很快就被控制住，没有造成严重的后果，但这个问题一直存在，并成为吉、乌两国独立后影响两国双边关系的重要因素。吉尔吉斯斯坦政府一直担心南部的乌兹别克人脱离本国而加入乌兹别克斯坦，并对乌兹别克斯坦介入本国南部局势抱有很大的戒心。两国独立以后，双边关系的发展一直不顺利，并因此多次发生纠纷和冲突。在领土问题上，乌兹别克斯坦半官方机构和民间多次提出对奥什的领土要求。2010

---

① 2014年6月10日，即吉尔吉斯斯坦"六月事件"4周年纪念日来临之际，该国南部地区局势再现动荡，身处狱中的吉尔吉斯斯坦前议长季别科夫的支持者在连接奥什州与中国的战略道路上搭起了15座帐篷，并用石头等将交通切断。参见《吉尔吉斯斯坦反对派封路堵住200辆中国货车》，凤凰网，2014年6月12日，http://news.ifeng.com/a/20140612/40698234_0.shtml。

年，两国之间再生龃龉。这年2月，吉尔吉斯斯坦边防军打死1名乌兹别克斯坦边防军，打伤1名。虽然事态没有扩大，但双方的民间特别是吉尔吉斯斯坦国内的乌兹别克人对此事反应强烈。此事的责任实际上在乌兹别克斯坦方面。另外一件事情是发生在两国之间的航班事件。最先是吉尔吉斯斯坦公民从乌兹别克斯坦返回的时候，因为一些原因在检查时被扣留了，吉尔吉斯斯坦马上做出相应的反应，把从吉尔吉斯斯坦返回的乌兹别克斯坦公民也扣了下来。之后两国只好交换扣留的人员，接着乌兹别克斯坦取消了两国首都之间的航班，这件事情在两国内部都引起十分强烈的反应。

水资源问题是吉乌两国关系中的另外一个障碍。吉尔吉斯斯坦是锡尔河等的上游国家，它对水资源的利用主要是发电，峰值用水期在冬季，而乌兹别克斯坦作为下游国家，其用水主要是用来灌溉，峰值用水期在春夏季，两者之间严重错位，经常发生矛盾。最严重的一件事情发生在2000年春季。当时中亚地区发生旱灾，乌兹别克斯坦尤其严重，但吉尔吉斯斯坦拒不增加放水量，提出的理由是当年融雪量和降雨量大幅度减少，需要贮水，以保证冬季发电。在此情况下，乌兹别克斯坦在边界附近组织了军事演习，并动用了武装直升机，声言演习的目标是夺取水坝。吉尔吉斯斯坦做出针锋相对的反应，声称只要乌兹别克斯坦动手，就把水坝炸掉，让乌兹别克斯坦陷入洪灾。尽管双方没有真正动手，但这种强硬的姿态反映出双方关系的紧张程度。几年前，乌兹别克斯坦在吉乌边界的多处地段埋设地雷，名义上是为了阻止恐怖分子及其他人员非法越境，但实际上也反映了两国之间关系的严重紧张。后来乌兹别克斯坦又在边界上挖筑深2米、宽3米的壕沟，竖铁丝网，加强戒备，实际上是摆出了一副不友好的姿态。乌兹别克斯坦知道不可能发动战争，也知道不可能用这种战争威胁手段取得什么实质性的结果，但是这严重地影响了两国关系的发展。

吉尔吉斯斯坦从本国的周边外交出发，对中—吉—乌铁路的走向有了新的利益考量。吉尔吉斯斯坦国内的铁路是帝俄时期中亚铁路的延伸，当时连接中亚与帝俄腹地的铁路有两条：奥伦堡—突厥斯坦—塔什干（突厥斯坦铁路）和彼得罗巴甫洛夫斯克—阿斯塔纳—阿拉木图。前一条铁路后来延伸到吉尔吉斯斯坦的奥什市，后一条铁路后来又与比什凯克相连，成为吉尔吉斯斯坦通往国外的两条铁路。但是吉尔吉斯斯坦南北方之间并无国内铁路相连。由于吉尔吉斯斯坦与乌兹别克斯坦的关系不睦，它一直在寻找新的出口，一直面临选择：究竟是向哈萨克斯坦（北通道）方向发展，还是向中国（东通道）方向发展？如果选择向东发展，就需要与中国的铁路网相连接；如果选择向北发展，则需要与哈萨克斯坦的铁路网相连接，并和俄罗斯建立进一步的联系。这背后反映的是吉尔吉斯斯坦对外战略方向的选择问题，即是与中国建立更紧密的联系，还是与哈萨克斯坦、俄罗斯建立更密切的联系？

此外，吉尔吉斯斯坦在中一吉一乌铁路项目上的政策还受到了区域外大国的影响。有报道称，2013年5月，在比什凯克市举行的集体安全条约组织首脑峰会上，俄罗斯提出了"俄一哈一吉一塔铁路"项目，计划修建一条将俄、哈、吉、塔四国连接起来的南北向的跨国铁路。在集体安全条约组织首脑峰会之前，吉尔吉斯斯坦、哈萨克斯坦、塔吉克斯坦等国已就俄一哈一吉一塔铁路进行了双边磋商。中国提出"丝绸之路经济带"重要倡议之后，俄罗斯一直存有疑虑，担忧这会对其主导的欧亚经济联盟构成威胁，更会对俄罗斯在中亚地区传统的优势地位形成冲击，故大力向中亚国家推销"俄一哈一吉一塔铁路"项目。[①] 因此，中国还需要加强与俄罗斯的沟通工作，打消其对"丝绸之路经济带"和中一吉一乌铁路的顾虑。

（五）铁路轨距等技术因素的影响

影响中一吉一乌铁路修建及丝绸之路沿线现代铁路网建设的另一个问题是铁路轨距。目前，世界各国的铁路轨距有多个标准：标准轨距（1435毫米）、宽轨距（如1676毫米、1524毫米、1520毫米等）、窄轨距（如1067毫米、1000毫米、762毫米、600毫米等）。世上大约60%的铁路的

---

① Fozil Mashrab, "Bishkek Puts Brakeson China-Kyrgyzstan-Uzbekistan Railway," http://www.jamestown.org/programs/edm/single/?tx_ttnews%5Btt_news%5D=44562#.VxczJKEitSg, November 3, 2015.

轨距是标准轨距，中国与欧盟铁路主要采用标准轨距，规划中的中—吉—乌铁路也拟采用标准轨距，而包括俄罗斯和中亚国家在内的独联体国家铁路的轨距则是 1520 毫米的宽轨距。自 19 世纪铁路出现开始，即有何种轨距最佳之争，但从现代角度看，宽轨或窄轨在性能上并无优劣之分。由于历史原因，吉尔吉斯斯坦国内的铁路采用的是宽轨距，如果要接入中国的铁路网，就需要修建标准轨铁路，将国内既有宽轨轨道改造为标准轨轨道并对本国的铁路网进行改造。尽管吉尔吉斯斯坦国内现有铁路不过 400 多公里，但如果采用标准轨，不仅原有的轨道需要改造，机车、车辆和其他铁路设备的生产全都需要改造，这个投入对于吉尔吉斯斯坦来说是相当大的。

三　结语

"丝绸之路经济带"建设需要兼顾国内国外两个大局，《推动共建丝绸之路经济带和 21 世纪海上丝绸之路的愿景与行动》提出，"发挥新疆独特的区位优势和向西开放重要窗口作用，深化与中亚、南亚、西亚等国家交流合作，形成丝绸之路经济带上重要的交通枢纽、商贸物流和文化科教中心，打造丝绸之路经济带核心区"。[①] 对于中国而言，中—吉—乌铁路的建成不仅有利于"丝绸之路经济带"重要倡议的具体落实，更有利于新疆丝绸之路经济带核心区建设和南疆的社会经济发展，事关整个新疆的长治久安和跨越式发展。中—吉—乌铁路如果能够顺利建成通车，则将与已经建成的乌兹别克斯坦—土库曼斯坦—伊朗铁路联通，这样新疆通往中亚、中东的道路将更为顺畅。因此，尽管中—吉—乌铁路项目一波三折，但我们还是要有足够的耐心，克服困难，积极促成这条铁路顺利开通。

中—吉—乌铁路是一条跨越中国、吉尔吉斯斯坦、乌兹别克斯坦三国的国际铁路，在规划和建设过程中势必牵涉三国不同的利益，三国的相关

---

① 《〈推动共建丝绸之路经济带和 21 世纪海上丝绸之路的愿景与行动〉发布》，新华网，2015 年 6 月 8 日，http://news.xinhuanet.com/gangao/2015 - 06/08/c_127890670.htm。

部门还需要进一步加强政策沟通，做好利益协调工作。在中—吉—乌铁路的推进过程中，中国和乌兹别克斯坦的态度十分积极，乌兹别克斯坦领导人多次表示希望这条铁路早日开通，而夹在两国中间的吉尔吉斯斯坦则显得摇摆不定。导致吉尔吉斯斯坦在"丝绸之路经济带"问题上立场出现反复的原因是复杂的，既有其国内民族关系、政治稳定、经济发展方面的问题，也有其对外关系优先发展方向的考虑，还有技术层面的铁路轨距问题。与中—吉—乌铁路计划形成竞争关系的跨越中亚的铁路规划除了俄罗斯提出的俄—哈—吉—塔铁路方案以外，还包括德国方案[①]、库巴特·拉希莫夫方案[②]、突厥语国家方案[③]等，而在吉尔吉斯斯坦国内的一些人看来，中—吉—乌铁路方案与俄—哈—吉—塔铁路方案不可兼得。[④] 目前，吉尔吉斯斯坦国内的铁路修建计划有四种方案：（1）比什凯克—卢戈瓦亚—麦马科—塔拉斯盆地—塔什—库梅尔；（2）比什凯克—苏萨梅尔—奥什；（3）比什凯克—巴雷奇—卡扎尔曼—奥什；（4）中—吉—乌铁路。从奥什市还可以修建两条延伸铁路线：A. 奥什—萨雷塔什—扎尔基塔尔—杜尚别；B. 奥什—巴特肯—苦盏。方案一和方案二规划的这两条铁路如果修通，将形成一个环状铁路，对密切吉尔吉斯斯坦和哈萨克斯坦之间的关系、促进吉尔吉斯斯坦南北方的发展都有比较大的意义。目前，方案二在吉国内支持率最高。吉尔吉斯斯坦方面在接受何种过境铁路方案方面最核心的关切是，这一铁路能在多大程度上促进其国内南北方之间的政治、经济、文化联系和人员交流，是否有利于维护南北方的统一和国家领土主权的完整，在经济方面是否能节约成本、实现收益最大化。关于这一点，中国应充分理解吉尔吉斯斯坦方面的合理关切，毕竟南北铁路对其经济发展、政治稳定更加重要，因此中方也不应该排斥南北铁路计划。因此，相关部门的论证、规划工作还应继续进行。未来中—吉—乌铁路的具体走

---

① 将吉尔吉斯斯坦南北部与通往中国的支线连接起来的铁路。
② 楚河—费尔干纳铁路。
③ 吉尔吉斯斯坦—阿塞拜疆—土耳其铁路。
④ 在吉尔吉斯斯坦的邻国中，乌兹别克斯坦反对俄罗斯方案，塔吉克斯坦之前支持中—吉—乌铁路计划（规划中的中—吉—乌铁路原本有一条支线，向南穿过塔吉克斯坦的苦盏），现在转而支持俄罗斯方案。

向、采用何种轨距、融资等问题，属于技术层面的问题，与吉尔吉斯斯坦方面还可以沟通协调。至少在融资方面，亚洲基础设施投资银行可以提供充足的建设资金。

尽管最近中、吉、乌三方在北京刚刚召开了中—吉—乌铁路三方联合工作组第一次会议，并签署了会议纪要，但是这条国际铁路能否顺利动工还有待观察，吉尔吉斯斯坦政府的政策是否还会发生变化仍很难说，毕竟历史上吉尔吉斯斯坦政府在一些重大问题上立场出现反复的情况也是存在的。中—吉—乌铁路究竟何时能够建成通车，我们只有拭目以待。此外，在中国高铁走向世界的过程中，尽管中国在技术和资金方面具有一定的比较优势，但是在他国修建高铁（特别是修建跨国铁路）时一定要对所在国和所在地区的政治、经济、历史、文化、宗教、民族、外交等方面的情况有深入研究。毕竟，铁路项目是一个投资巨大且成本回收期很长的投资项目，需要做长期的风险评估与规划。

大力推进丝绸之路经济带新疆核心区建设*

陆 兵

(新疆师范大学 丝绸之路经济带研究中心,新疆 乌鲁木齐,830011)

【摘 要】 在21世纪世界复兴丝绸之路大潮中,中国将以经济发展为引领,互利共赢,创造丝路新文明,大力推进丝绸之路经济带新疆核心区(以下简称"新疆核心区")建设。共商共建共享丝绸之路经济带的关键点是:打好产能输出、科技输出、资本输出和中企"走出去"这"四张牌"。新疆官方最早对新疆核心区的定位是:五大中心和三基一通道。这样即可对内促进新疆和国内其他经济区域一盘棋共同发展,对外同俄罗斯、中亚五国、巴基斯坦、伊朗、南高加索地区等50个沿线国家共建"丝绸之路经济带"这一新的松散型区域性经济命运利益共同体。这既是古丝绸之路继往开来的历史使命,更是有效可行的、促进新疆经济持续发展和社会长治久安的最佳发展方式。

【关 键 词】 新疆核心区;经济引领;丝路新文明

---

* 本文得到2015年国家社科基金一般项目"丝绸之路经济带下的中国与中亚国家投资便利化问题研究"(15BGJ027)和新疆高校人文社科重点研究基地新疆财经大学中国(新疆)与中亚区域经济合作研究中心一般项目"中国企业走向中亚市场风险及其防范研究"(050115C03)资助。

【作者简介】 陆兵，新疆师范大学丝绸之路经济带研究中心特聘研究员、新疆农业大学客座教授、新疆财经大学国际经贸学院专家，主要研究方向：俄罗斯、中亚等国政治、经济、文化、历史。

2013年9月7日，习近平主席在哈萨克斯坦首都纳扎尔巴耶夫大学首次提出共建"丝绸之路经济带"（以下简称"一带"）倡议。2013年11月6日，新疆维吾尔自治区党委八届六次会议首次提出建设丝绸之路经济带新疆核心区；2014年5月底，第二次中央新疆工作座谈会上确定了新疆核心区发展目标。

"一带"建设的关键点是：打好产能输出、科技输出、资本输出和中企"走出去"这"四张牌"。新疆官方最早对新疆核心区的定位是：五大中心——交通枢纽中心、商贸物流中心、金融中心、文化科技中心、医疗服务中心；三基一通道——国家大型油气生产加工基地、大型煤炭煤电煤化工基地、大型风电基地、国家能源资源陆上大通道。笔者认为需要补充一条：建设新疆核心区，发展制造业是根本。

俄罗斯、中亚、巴基斯坦、伊朗和高加索地区等许多沿线国家的领导人及政府部门都陆续对"一带"倡议表示欢迎和积极响应。构建"一带"中亚等沿线国利益共同体是建设"一带"新疆核心区的出发点和落脚点，它将把中国与中亚等沿线国家之间的政治关系优势、地缘毗邻优势、经济互补优势转化为务实合作优势、持续增长优势，并将这些优势变成建设互利共赢的利益共同体的基础。中国应该着眼于长远，克服急功近利的浮躁心态，避免重利轻义的实用倾向，从而形成良好的合作氛围和发展底蕴。

新疆核心区目标的提出，既是对古丝绸之路的传承和升华，也是我们今后中长期经济发展和全方位对外开放的伟大目标，具有深刻的历史性、现实性、创新性和可行性，为理论研究者、学者和广大践行者提供了广阔天地。

一 建设新疆核心区的主要优势

（一）得天独厚的地缘交通优势

新疆地处亚欧大陆中心，古丝路北、中、南三条路线通过并会集于此，是内地到中亚、欧洲的最便捷通道；新疆周边毗邻蒙古国、俄罗斯、哈萨克斯坦、吉尔吉斯斯坦、塔吉克斯坦、阿富汗、巴基斯坦、印度8个国家，边界线长达5600多公里，为中国邻国最多、边界线最长的省份，现已开放17个一类口岸（含2个空港口岸）；截至2013年底，全疆公路里程已超17万公里，铁路里程达4915公里，已形成以乌鲁木齐为中心的集公路、铁路、航空和管道为一体的综合性交通网络枢纽。

（二）资源优势

新疆石油和天然气资源量分别占全国探明资源量的30%和34%；煤炭预测资源量占全国的40%，金属铁、铜、镍、铅、锌、铀等储量大；新疆农业、畜牧业发展潜力大，是中国的畜牧业基地和最大的棉花生产基地，也是国家开发绿色食品和加工业的一个新基地。

（三）多民族人文优势

途经新疆的古丝路北、中、南三条路线联结了古代巴比伦、古代埃及、古代中国、古代印度四大文明，承载着佛教、基督教、伊斯兰教三大宗教，拥有独特的地域和多民族文化。新疆由多民族构成，区内的维吾尔族、哈萨克族、回族、柯尔克孜族、蒙古族、塔吉克族、乌孜别克族、俄罗斯族、塔塔尔族9个少数民族都是跨国而居，双方血缘相亲、语言相通、风俗相近、传统友谊源远流长，具有同中亚沿线国家开展经济合作的人文优势，做好中亚等沿线国家的人文工作，将会实现互利共赢，创造丝路新文明。

(四) 优惠政策和后发优势

新疆多年享有税收、金融和土地利用等方面的优惠政策，特别是差别化产业政策为新疆发展特色优势产业提供了巨大的政策支持；喀什、霍尔果斯两个国家级经济开发区、中哈霍尔果斯国际合作中心和阿拉山口保税区以及19个国家级开发区、62个自治区级开发区的建设发展，为吸引国内外资金、发展外向型经济提供了重要载体；近年来十九省市对口援助新疆，引进了全国特别是东中部地区的人才、技术、产业、资本、管理经验，如上海大众、三一重工西北产业园等一批现代化企业扎根新疆，从根本上改变了历史上新疆作为驿站的单一功能，为加速科技转型、增强工业化持续发展能力提供了有力的物质和制度保障。

二 新疆核心区和"一带"沿线国家共同发展

（一）全力建好四位一体加网络的现代交通物流枢纽中心

首先要加快北南两通道公路建设，推动落实准东—富蕴—北屯—吉木乃口岸、三塘湖—老爷庙口岸、富蕴—青河—塔克什肯口岸、克拉玛依—塔城—巴克图口岸铁路建设项目前期工作，做好南疆阿克苏—喀什铁路增建二线及若羌—和田铁路建设项目前期工作，2014年11月16日兰新高铁乌鲁木齐新建段通车，有望今后和中亚沿线国家共建新的丝绸之路经济带高铁；推进中—吉—乌铁路国内段项目建设，积极推进中巴铁路及中巴能源管道建设项目前期工作；积极申请乌鲁木齐和喀什两个机场口岸开放航权，大量吸引中亚、西亚、南亚和高加索国家的航空公司进疆进行客货运输，提升新疆机场在国际市场中的竞争力；支持乌鲁木齐、喀什、库尔勒、哈密、伊宁、霍尔果斯等地建设区域性国际商贸中心、出口商品加工基地、商品集散地和物流大通道；加快国家能源通道建设，推动中哈石油管线二期工程建设，加快实施中亚"西气东输"管道项目，加快中石化"新粤浙"煤制气管线建设；加快进行信息通道建设，推动"上海合作组织信息高速公路"和"利用电子签名进行跨境电子合作"示范性项目建设,加快建设物流公共信息平台和各专业市场交易信息平台,建成覆盖中亚和内地、功能齐全的信息网络通道,以及亚欧区域通信交换中心和信息存储、加工、传输中心。

(二) 加强和沿线国家的能源矿产合作

加快中俄、中国与中亚国家在能源矿产开采加工上下游的全方位密切合作。近年来,随着中俄、中国和中亚关系快速发展,能源合作规模逐渐从小到大,从单纯贸易发展为涉及油、气、核、煤、电、新能源等领域的全面合作。俄罗斯石油储量 ABC1 为 178 亿吨,C2 为 109 亿吨,天然气原始远景资源量为 236.15 万亿立方米。中俄原油管道 2011 年 1 月建成投产,俄每年对华输油 1500 万吨,目前双方正在商谈通过管道增供原油项目,这条能源动脉未来 20 年将累计对华输油数亿吨。2014 年 11 月北京 APEC 会议期间,双方签订向中国西线供应天然气的框架协议,多年来已有相当数量的俄罗斯原油经中亚管道出口新疆。哈萨克斯坦是中亚地区第一石油生产大国,油气资源十分丰富,其石油探明储量和产量在中亚各国均居首位,国际能源机构(IEA)确认,哈萨克斯坦石油总储量估计为 158 亿 ~ 195 亿吨,天然气储量估计在 4 万亿立方米,目前中国已通过中哈管线从哈进口 8000 多万吨原油。土库曼斯坦已探明天然气储量高达 24.6 万亿立方米,居世界第 4 位,到 2014 年 11 月初中国已从土进口 1000 亿立方米。伊朗油气资源丰富,已探明石油储量为 122 亿吨,占世界储量的 1/9,居世界第 5 位;已探明天然气储量为 26 万亿立方米,约占世界总储量的 16%,仅次于俄罗斯,居世界第 2 位。

中国经济持续高速增长,使自身面临的石油天然气缺口不断扩大,其中进口石油量预计到 2020 年将达 3 亿吨。只要中国中亚的能源合作能进一步发展,俄罗斯、中亚里海地区丰富的油气资源将对中国 21 世纪工业的发展发挥重要作用。这样既可以减少海上路径依赖,保障中国的能源安全(现有 60% 的进口石油必经马六甲海峡),还有利于中国"西部大开发"及"西气(油)东输"战略的实现。中亚是一个新兴的世界能源中心,中国可利用地理相邻的优势，充分考虑新疆未来的油气化工业发展需要以及中国未来能源战略储备。进口中亚的能源将促进新疆及西北地区经济可持续发展和社会稳定和谐，阿拉山口铁路公路管道的"欧亚大陆桥构想"、在建的巴基斯坦瓜达尔港到中国新疆喀什的中巴铁路就是对这种优势的运用。

（三）优化和提高新疆与沿线国家的经贸合作水平

新疆是中国向西开放发展的核心区，是中国与中亚、西亚、南亚等沿线国家之间开展经贸、金融、交通以及文化交流合作的核心区。要想实现习近平主席提出的"政策沟通、道路联通、贸易畅通、货币流通、民心相通"构想，就需要在国家层面多做中亚沿线国家的工作，与对方共同商定互惠共赢的政策和规定，如简化办理签证、改善贸易壁垒、简化通关手续等。2013年，中国和中亚五国贸易额达到402亿美元，比2012年增长13%。其中，和哈萨克斯坦的贸易额为286亿美元；和俄罗斯的贸易额为888亿美元，比2012年增长1.7%。受世界经济低迷和美欧制裁俄罗斯等因素影响，2015年中哈贸易总额降至105.6亿美元，中俄贸易总额下降幅度高达30%。为此，中国要不断深化和中亚等沿线国家的全方位合作交流，推进基础设施项目建设，为装备制造业、高科技行业等走出国门提供更广阔的发展空间，这将大大促进国家和新疆产业结构加快转型升级，更好地造福中国和中亚沿线国家的人民。因受世界经济低迷不景气和中国经济下行影响因素制约，2016年中国和中亚沿线国家的贸易额有所下降，但在经济技术投资合作方面涨幅很大，合作愿景方兴未艾。

（四）建设新疆核心区先进的制造业基地

重点建设输变电装备、新能源装备、石油石化装备、矿山和工程机械、农牧机械、汽车6大产业，加快建设乌鲁木齐、喀什等8个装备制造业基地，加大力度向"一带"沿线各国出口各种优质工业装备产品，逐步减少从内地采购再向国外出口的现象；建设农牧业绿色食品加工出口基地；充分利用沿线各国丰富的铜、铅、锌及贵金属等资源，做大矿产资源产业，为新疆制造业发展服务。

（五）建立新疆核心区完善的金融体系

首先，主推新疆银行组建工作，将新疆银行建成全国具有相当影响力的核心区现代商业银行，推动金融服务业对符合条件的民营资本和外资金融机构全面开放，支持在新疆成立外资银行和中外合资银行；完善人民币跨境结算的相关政策，使乌鲁木齐成为新疆核心区沿线国家人民币交易和结算中心。其次，进一步完善证券、保险市场及金融衍生品等多层次金融市场和金融服务，分别在乌鲁木齐市、霍尔果斯经济开发区、喀什经济开发区建设"国家金融改革开放综合配套创新试验区"，开展金融服务创新协调、对外开放体制、财税体制等方面的创新改革。最后，积极和中亚沿线国家促成大中型基础建设项目，申请并利用好国家刚设立的丝路基金和新组建的亚洲基础设施投资银行的资金；中国已陆续和俄罗斯、吉尔吉斯斯坦、哈萨克斯坦三国实现边境流通本币结算，2014年11月12日，哈萨克斯坦已开始发行中国银联芯片卡。

（六）建立新疆与沿线国家在科技、文化、教育、体育、旅游等领域的交流合作

逐步办好中国新疆国际民族舞蹈节、丝绸之路国际服装节、亚欧博览会、中外文化展示周、克州国际玛纳斯文化旅游节、新丝路国际文化产业博览会等活动；通过定期与周边国家开展体育竞赛、体育表演等体育项目，以及推动更多广播电视节目落地中亚国家等多种模式，进一步加大对中国文化的推介力度；加强新疆与中亚、俄罗斯、巴基斯坦、伊朗和高加索等沿线国家与地区的教育合作，积极鼓励相关科研机构进行中亚问题研究，培养一批熟悉这些国家的人才，在亚欧博览会平台上定期举办中亚国际教育论坛，鼓励区内院校学生开展与中亚沿线国家的留学互访活动；和中亚等沿线国家构建科学研究、学术交流、科研成果转化平台，为技术创新、生态环保和开发利用资源提供技术支撑，建立集科技、科研、环境监测、地震预测等多方面信息资源及数据产品为一体的网络；中亚等沿线国家拥有丰富的自然旅游资源，需要打造重要的国际旅游大通道，加快乌鲁木齐、喀什、伊宁和阿勒泰四个国际旅游集散中心建设，依托霍尔果斯、阿拉山口、巴克图、吉木乃等口岸优势，放宽跨国旅游限制，大力发展边境观光旅游。

三 建设新疆核心区亟待解决的若干问题和建议

建设新疆核心区，发展制造业是根本。制造业是现代经济的骨架和灵魂，一个地区只有拥有比较完整的制造业体系，其资源才能得到充分利用，才能制造出人们生活所需的制成品，金融服务业才有利润来源，也才能建立统一而有内聚力的大市场。要充分用好用活中央赋予新疆的优惠政策和后发优势，抓住与中亚沿线国家产业互补的特点，重点扶持和发展面向中亚的外向型优势产业，为装备制造业、高科技行业等走出国门提供发展空间，促进新疆和国家制造业结构转型升级同步加快进行。

建设新疆核心区，应贯彻好亲、诚、惠、容的周边外交理念，搞好睦邻关系。国家层面上，要协调建立与中亚沿线国家政府间的政策协调沟通机制，做好"政策通"这项既是基础又是保障的重要工作，支持引导中国企业"走出去"，只有抓好"政策通"的纲，才可目张。尽快解决办理签证老大难的问题，因签证难办而影响洽谈执行项目合同的事例，多年来全国各地比比皆是；建议给予伊宁和喀什机场落地签证政策，允许利用边境通行证等形式开展边境旅游；积极与中亚五国等沿线国家协商签订互免签证协议；简化手续，在喀什、霍尔果斯设立签证代办处，办理落地签证以及入境人员与车辆特别通行证权限等业务；对外协调，尽早开通对俄罗斯的吉克普林（喀纳斯）口岸和对吉尔吉斯斯坦的别迭里口岸。塔吉克斯坦在中亚五国中开了个好头，从2016年7月1日起开始对华办理电子签证。

建设新疆核心区的工作千头万绪，其中最关键的就是要用好人才、留住人才，发挥人才智库的支撑作用。人才奇缺是新疆长期以来面临的一大难题，要解决这个问题，一方面要加快人才培养，另一方面要强化待遇留人的政策导向。为推进对外开放型人才和经贸人才的培养和引进工作，新疆境内的大专院校要适应这一形势的变化，及时调整办学方向和专业设置，着力培养外向型人才；构建面向中亚国家的科学研究、学术交流、先进实用技术和科研成果转化平台。总之，只有用好人才、留住人才、培养新人才，新疆核心区的建设事业才会兴旺发达。

建设新疆核心区，要充分利用经济转机带来的良机。习近平主席提出"一带"倡议已将近4年，实事求是地讲，有些省市如陕西、重庆、山东、河南等沿着"一带""走出去"的势头很旺，在不少方面抓住了机遇，已经超过新疆，值得新疆学习借鉴并迎头赶上。在新疆核心区动态建设过程中，这种机遇和挑战并存的现象今后会不断出现，这就需要新疆的企业、发改委等相关部门按市场规律办事，密切洞察国内外市场走向，抓住抓紧市场这只手，大力推动新疆核心区建设向纵深发展。

建设新疆核心区，了解沿线国家的法律法规是重要保障，需要知己知彼，对"一带"沿线国家的情况有真正了解。政府应组织相关部门系统地翻译欧亚经济联盟主要国家经济方面的法律法规和相关政策（过去有翻译，但不全面系统），使中国企业走进中亚有法可依、有章可循。过去中国企业对对方的法律法规了解不多，加上人力、财力问题以及无法系统翻译各种法律文件，导致不少"走出去"的中国企业因很少知彼而败北，因此应在国家层面加以指导，以提高中国企业和中亚国家的经贸合作水平。

建设新疆核心区，要唱好"三部曲"，即贸易投资便利化、深化经济技术合作和自由贸易区。要借鉴上海等地区的自由贸易区经验，积极推进建立新疆和"一带"沿线相关国家成立自由贸易区，将乌鲁木齐、伊宁—霍尔果斯、喀什、阿拉山口作为中国境内自由贸易区规划的雏形，作为推进中国—欧亚经济联盟区域经济一体化发展的试验田，以及打造中亚经济圈的蓝本，从而吸引"一带"沿线相关国家积极共同参与新疆自由贸易区建设，共享红利。

建设新疆核心区，鼓励中国企业"走出去"，找好国外合作伙伴、协调好与当地政府的关系至关重要。中国企业在国外投资时应充分对合作伙伴进行深入调查和了解，不能仅与政府打交道，还要跟其他各方打交道，了解熟悉当地国情民情，了解并遵守当地法律法规。要严格按市场规律和国际惯例进行合作，前期做好中国企业"走出去"论证工作和建立风险管理模型，中期调整风险预警和风险防范对策，后期实施风险控制和减免损失对策。我们不仅要对投资的经济性进行认真评估，也需要对投资地的政治生态进行评估。此外，还要多听取各方面的意见，改进设计规划，这样才能最大限度地规避国外投资风险，使投资项目在"一带"沿线国家合法合理地落地并开花结果。

建设新疆核心区，切忌"一窝蜂"和无的放矢的形式主义。由于"一带"沿线国家的国体、民族、历史、传统文化、宗教不同，因此各国有不同的国情、经济和人文。例如，中亚五国各国主体民族之间人文特点差异明显，尤其是各国国内深层次的民族问题存在已久。哈萨克斯坦主体民族哈萨克人内部一直存在三大玉兹之争，乌兹别克斯坦的乌兹别克人内部存在塔什干和撒马尔罕两大派之争，吉尔吉斯斯坦存在北部吉尔吉斯人和南部奥什人之争，塔吉克斯坦存在平原塔吉克人和帕米尔高原塔吉克人之争，土库曼斯坦存在三大部落之争等。如果不了解这些国家各个主体民族内部深层的矛盾与冲突，中国企业在中亚投资经营则容易陷入意想不到的陷阱中而难以自拔。

建设新疆核心区金融业，需要组建由新疆地方银行、国家政策性银行、其他银行以及中亚沿线国家资本金参股的中外国际银行，为与中亚国家的重大跨国基础设施建设项目及重大经贸合作项目提供必要的融资支持，为中国境外基础设施建设、资源开发、加工贸易企业提供政策性贷款和专项商业贷款，为符合条件的企业提供打包贷款、境外代付等形式多样的融资和国际结算服务，不断完善保险体制，做好国外投资保险工作。中国要顺应和遵循世界市场经济的金融规律和惯例，尽快改进目前以 EPC 方式参加国外工程承包项目的特殊死板规定，容许发包方用不动产等做抵押以弥补主权担保或银行担保的不足。这项改革势在必行，否则中国企业还将继续与国外大中型经贸项目擦肩而过，从而导致很多对外合作企业失去本应拿到的项目。

建设新疆核心区，需要加强与俄罗斯、中亚、巴基斯坦、伊朗和高加索等沿线国家与地区的安全合作。与上述国家携手合作，共同打击"三股势力"和极端宗教势力，有助于维护中国的国防安全和社会稳定乃至地区的安全稳定；同时，中国与哈萨克斯坦、吉尔吉斯斯坦、塔吉克斯坦、巴基斯坦等国家跨国铁路、公路通道设施的建设和投用，将提高中国在区域安全保障中的快速反应能力，增强中国在区域安全中的影响力，并有助于新疆的长治久安。

建设新疆核心区将释放出大智慧、大能量。这将推动文明融合、文化创新和各民族和谐相处，可以促使不同民族文化主体相互磨合，求同存异，包容开放，逐步消除隔阂、偏见和仇视，最终实现各民族文化交融和互通。在这一过程中，可以顺势引导少数民族在保留自身传统文化优秀成分的同时逐步适应和接受现代文化，推动文化发展，达成传统文化与现代文化的调适与和谐，实现各族人民共同富裕。此外，还需要反对形式主义和官僚主义，借鉴国内外相关先进经验，使各民族和睦相处，多诚信、多谋事，同心同德，共创丝路新文明。

四　结论

在21世纪世界复兴丝绸之路大潮中，我们将以经济发展为引领，互利共赢，创造丝路新文明，大力推进丝绸之路经济带新疆核心区建设，这样即可对内促进新疆和国内其他经济区域一盘棋共同发展，对外和中亚五国、俄罗斯和巴基斯坦等50个沿线国家共建"丝绸之路经济带"这一新的松散型区域性经济命运利益共同体。建设新疆核心区是一项长期工作，不能一蹴而就，这不是新疆的独角戏，要有新的义利观，以实现合作共赢。这既是继往开来的历史使命，更是有效可行的促进新疆经济更快发展和长治久安的最佳发展方式。它将把新疆和"一带"沿线国家之间的政治关系优势、地缘毗邻优势、经济互补优势转化为务实合作优势和持续增长优势。因此，应该着眼于长远，克服急功近利的浮躁心态，避免重利轻义的实用倾向，反对形形色色的官僚主义和形式主义，从而形成良好的合作氛围和发展底蕴。只有以史为鉴，认真总结以往的经验并吸取教训，才能降低并有效规避风险，这既有助于新疆核心区今后实现在和"一带"50个沿线国家的合作中形成新的松散型区域性经济命运利益共同体的发展目标，也是中国大力推进新疆核心区建设的重要基本路径。

中亚高等教育概况

杨 恕

(兰州大学 中亚研究所,甘肃 兰州,730000)

【摘　要】	中亚高等教育始于十月革命之后,经过苏联时期的发展,到苏联解体前已形成完善的体系。独立后,中亚国家的高等教育获得了新的发展,突出特点是高校数量增长较快、教育体制从"苏联模式"向"欧美模式"靠拢、积极引进 Tempus 和"波隆尼亚进程"等国际标准。与此同时,俄罗斯和一些欧美国家积极在中亚国家开办高校(分校),在办学形式、学科设置、管理方式等方面表现出一些新特点。
【关 键 词】	中亚;高等教育;教育合作
【作者简介】	杨恕,兰州大学中亚研究所教授、博士生导师、所长,主要研究方向:中亚、反恐问题。

"一带一路"构想提出之后,越来越多的沿线国家采取了积极参与的态度。中亚国家是我们的西邻,又都位于丝绸之路上,它们对丝绸之路经济带的参与无疑有重要意义。近年来,通过上海合作组织等平台和多边合作机制,中国与中亚国家在各方面的交流都有较大的发展。其中,教育交流(主要是高等教育交流)成绩十分明显,越来越多的中亚高校与中国高校建立交流关系,中亚来华留学生数量不断增长,双方都抱有进一步扩大交流的愿望。鉴于此,本文对中亚高等教育做了概括式介绍,希望能够提供一些有意义的参考。

一　中亚高校概况

中亚高等教育始于十月革命之后。1918年4月，中亚建立了第一所大学——突厥斯坦人民大学（1920年，列宁签署命令在突厥斯坦人民大学的基础上建立突厥斯坦国立大学，1923年改称国立中亚大学，1960年更名为国立塔什干大学，即今乌兹别克斯坦塔什干大学的前身）。之后中亚地区高等教育迅速发展，到20世纪30年代中期，基本建成了学科完备的高等教育体系。但在苏联范围内，中亚是高等教育水平最低的地区，主要表现为高校数量少、教学科研质量不高。苏联近900所（1991年）普通高校中，中亚地区有120所，占总数的13.3%。苏联38所重点高校中，只有两所在中亚，即国立塔什干大学和国立哈萨克斯坦大学（现改名哈萨克斯坦民族大学）。尽管如此，当时中亚的高等教育（也可以说整个教育）相对于周边国家还是具有明显优势的。

中亚国家独立以后，国民生产持续下滑，经济状况很糟，教育特别是高等教育也陷入困境。20世纪90年代中期，中亚各国经济逐步开始恢复性增长，教育也随之复苏，并普遍进行了教育立法和教育改革，学制、学位、教材、教学方法、经费、管理等都发生了很大变化。与此同时，一些问题也日益突出，如投入经费不足、高水平教师严重缺乏、管理混乱、腐败盛行等（哈萨克斯坦的情况要明显好于其他四国）。

中亚尽管在苏联时期是高等教育最落后的地区，但也具备了相当的基础。与独立时相比，高等教育虽然因种种原因质量显著下降，但规模明显扩大（各国情况有较大差别，特别是哈萨克斯坦的私立高校大量增加）。中亚各国政府是重视教育的，各国高等教育的一些指标在发展中国家中也是较好的。详见表1。

表1　中亚五国高校和大学生数量

项目	哈萨克斯坦	吉尔吉斯斯坦	乌兹别克斯坦	塔吉克斯坦	土库曼斯坦
普通高校数量（所）	147	36	58	36	20

续表

项目	哈萨克斯坦	吉尔吉斯斯坦	乌兹别克斯坦	塔吉克斯坦	土库曼斯坦
学生数量（万人）	63.3	22	25.8	28.6	3
每百万人高校数（所）	9.2	6	2.1	4.2	3.8
每万人大学生数（人）	393	314	100	332	100
备注	高校数量含私立高校数量	高校数量含私立高校数量	乌兹别克斯坦教育法允许开设私立高校，但实际上不存在	无私立高校	无私立高校

资料来源：本表由作者统计、整理制成，各种资料差别较大，数字可能不够准确。

教育体制方面，中亚国家独立以后，其教育体制已发生较大变化，总的趋势是逐渐改变苏联的教育体制，向欧美教育体制靠拢，各教育阶段的年数详见表2。

表2 中亚国家教育体制一览

国家	小学－初中－高中（年）	本科－硕士－博士（年）	学制体系	教学语言
哈萨克斯坦	4－5－2／3	4－2－2	英/美	哈萨克语/俄语
吉尔吉斯斯坦	4－5－2	4－2－2		吉尔吉斯语/俄语
塔吉克斯坦	4－5－2	4－2－N		塔吉克语/俄语
乌兹别克斯坦	4－5－3	4－2－N		乌兹别克语

注：1. 表中所列内容仅是中亚四国教育年限的大致汇总，实际情况较之更为复杂。

2. 苏联的学位只有专业证书（如医师、工程师、农艺师、经济师等，本科毕业即可获得），仅有副博士和博士两级。苏联解体后，中亚国家开始授予学士和硕士学位，学位变为四级：学士、硕士、副博士和博士。目前又向西方的学位体系过渡，实行学士、硕士、博士三级学位。但在不同的国家，其过渡期限和方式又有所不同。目前，多数国家不把博士教育作为高等教育的一个阶段来考虑，而认为博士学位是在结束高等教育之后才获得的。

3. N 表示相关数据缺失。

资料来源：本表由作者根据相关资料整理制成。

○不完全中等教育证书 ●完全中等教育证书 ▲职业教育证书 ◆学位或证书（职称，如工程师、医师、农艺师等）→完成教育

初等教育 　　　　中等教育 　　　　　　高等教育
1－2－3－4——5－6－7－8－9○——10－11－12——●——1－2－3－4◆→　　学士
　　　　　　　　　　　　10－11　　　　　　1－2－3－4－5－6◆→　　硕士
　　　　　　　　　　　　10－11－12▲→　　1－2－3－4－5◆→　　工程师等
　　　　　　　　　　　　10－11▲→　　　　1－2－3－4－5－6◆→　　硕士
　　　　　　　　　　　　　　　　　　　　　1－2－3－4－5－6◆→　　医师

图1 哈萨克斯坦教育结构示意

由图 1 可知，哈萨克斯坦的中等教育与高等教育分成四种或五种。哈萨克斯坦的高等教育包括高等基础教育（学士）、高等专门教育、高等师资-科研教育（硕士）。哈萨克斯坦的高等教育目前正在从两级学位（学士和硕士）向三级学位过渡，即学士、硕士、博士。另外，哈萨克斯坦已在 100 所学校中试行 12 年一贯制的初中等教育。

在乌兹别克斯坦，九年义务教育后有两类中等教育——普通教育（相当于中国的高中教育）和职业教育，完成这两类教育后可以进入高等教育阶段。研究生教育包括两个阶段：硕士教育和博士。学士的学习年限是 4 年；硕士至少需要 2 年。

吉尔吉斯斯坦的不完全高等教育至少是 2 年，学士教育是 4 年，非普通专业教育是 5 年或 6 年。硕士研究生教育分两种：若是学士毕业，则需要 2 年；若是非普通专业教育毕业，则需要 1 年。博士的学习年限根据在相关学科发表的成果决定。

塔吉克斯坦的学士教育是 4 年，非普通专业教育是 5 年。硕士研究生教育分两种：若是学士毕业，需要 2 年；若是非普通专业教育毕业，则只需要 1 年。副博士需要 2 年或 3 年。博士学习年限根据在相关学科发表的成果决定。

在引进国际标准方面，在中亚高校中影响较大的有"大学跨欧洲学习项目"和"波隆尼亚进程"，简述如下。

1. "大学跨欧洲学习项目"（Trans-European Mobility Scheme for University Studies，Tempus）

这个项目是 1989 年在法国的斯特拉斯堡由欧洲委员会确定的，目的是为中亚和东欧国家的高等教育提供帮助，助其改革教育体制，发展新的学科。具体方式有：①资助大学生和研究生在欧盟国家高校中进行 3~12 个月的学习；②资助教师在欧盟国家高校中进行长达 1 周至 1 学年的进修；③资助教师在欧盟国家公私企业中进行 1~6 个月的实习，对从事欧洲语言教学的教师给予特别关注；④资助在中亚和东欧的高校中开设有关欧洲和欧盟的课程。[①] 这个项

---

① 90/233/EEC：Council Decision of 7 May 1990 establishing a trans-European mobility scheme for university studies（Tempus），Official Journal L 131，23/05/1990 P. 0021-0026，http://eurodocs.org/240970.

目是从 1990 年开始实施的,但中亚国家加入较晚,最早的是乌兹别克斯坦(1994),有多个高校和科研机构参加,在 1994~2014 年执行了 80 个项目,共拨款 3000 万欧元;① 在 1995~2013 年执行了 76 个项目,经费为 5400 万欧元,近 30% 的高校参与了 Tempus。②

2. 波隆尼亚进程

1998 年的《索邦联合宣言》(Sorbonne Jointly Declaration)和 1999 年的《波隆尼亚宣言》(Bologna Declaration)奠定了欧洲"波隆尼亚进程"的基础。"波隆尼亚进程"旨在推进欧洲高等教育一体化,并在 2010 年建成"欧洲高等教育区"(European Higher Education Area)。《波隆尼亚宣言》提出了以下目标:采取一种使各国大学文凭可以进行相互类比的"两阶段"(本科/研究生)教育体制;建立一种学分累积和转换机制 ECTS(欧洲学分转换与累积系统);促进学生、教师和研究人员之间的流动;在质量保证上进行合作。各国不同的教育制度将统一改革为本科不少于 3 年、硕士 2 年、博士 3 年(又称 LMD③ 改革)。④

4 个中亚国家对"波隆尼亚进程"抱积极态度。2005 年,哈萨克斯坦加入"波隆尼亚进程",现已有 42 所大学通过了欧洲专业部门质量管理系统的审查鉴定,国家统考规则也发生了一些改变或被修正,如提高大学的入学分数。2008 年 6 月,中亚五国教育部部长在杜尚别开会,讨论了按"波隆尼亚进程"标准建立中亚高等教育区的问题并签署了备忘录。2011 年,吉尔吉斯斯坦加入了"波隆尼亚进程";2006 年,塔吉克斯坦依据"波隆尼亚进程"标准建立了国家数据中心,有 11 所大学参与了相关项目。

另外,一些西方基金会在中亚的高等教育领域也非常活跃,如福特基

---

① Tempus: 20yearsof programme activities in Uzbekistan, Prepared by the National Erasmus + Office in Uzbekistan, 2014, p. 6.
② ТЕМПУС в Казахстане, http://erasmusplus.kz/index.php/ru/programs/tempus/tempus-kz.
③ LMD 是法语中"学士学位"(Licence)、"硕士学位"(Maîtrise)和"博士学位"(Doctorat)首字母的简称。
④ Elizabeth Agbor Eta, "Process of Adoption and Adaptation of the Bologna Process in the CEMAC Region: The Case of Cameroon," http://www.utu.fi/fi/yksikot/edu/tutkimus/Documents/konferenssit-ja-seminaarit/141217-tohtorikoulutettavien-posterikonferenssi/Eta_Elizabeth_poster.pdf.

金会、索罗斯基金会、洛克菲勒基金会、欧亚基金会、德意志基金会等。它们采取多种形式注入大量资金，以支持科研项目，资助教师和学生到西方留学。与此同时，中亚国家也以政府奖学金的形式资助本国的优秀青年去国外学习（主要是西方国家，也有中国和俄罗斯）。例如，1993年11月，哈萨克斯坦以总统令的方式宣布了"未来"（Bolashak）计划，由总统委员会直接拨款，选拔资助优秀青年学生去国外学习，1994~2013年选派了6282人，留学国家依次是英国（39%）、美国（29%）、德国（13%）、加拿大（4%）、俄罗斯（4%）、爱尔兰（2%）、中国（2%）、瑞士（2%）、马来西亚（1%）等。①

二 外国在中亚开办高校的情况

中亚国家独立后，经济社会发展对高水平人才的需求与人才培养能力之间形成尖锐的矛盾，各国政府一方面扩大教育规模，努力提高教育质量；另一方面也采取各种措施，加强教育国际交流，其中之一就是引进国外资源在国内办大学。这既是中亚国家自身的需要，也是外国在中亚扩大利益和影响的需要，是双方利益的结合点。外国在中亚开办高校的情况见表3。

表3 外国在中亚国家开办高校（包括分校）的情况

单位：所

	美国	英国	德国	意大利	土耳其	埃及	巴基斯坦	俄罗斯	韩国	新加坡	合计
哈萨克斯坦		1	1		1	1	1	2			7
吉尔吉斯斯坦	1				1		1	4			7
塔吉克斯坦							1	4			5
土库曼斯坦					1			1			2
乌兹别克斯坦		1		1				3	1	1	7
总计	1	2	1	1	3	1	3	14	1	1	28

资料来源：本表由作者统计、整理制成。

---

① А. К. Сагинтаева, А. К. Аширбеков, Практика реализации международных стипендиальных программ: опыт Республики Казахстан, Вопросы образования, 2014, № 4.

外国在中亚国家开办高校的名单如下。

哈萨克斯坦：莫斯科大学哈萨克斯坦分校（阿斯塔纳），圣彼得堡工会人文大学阿拉木图分校，哈萨克斯坦－不列颠技术大学，哈萨克斯坦－德国大学，亚萨维哈萨克－土耳其国际大学，埃及努尔·穆巴拉克伊斯兰文化大学，杰克利中亚大学［Текели，哈萨克斯坦城市，在阿拉木图州东部山区，距中哈边界不远。2000年，哈萨克斯坦、吉尔吉斯斯坦、塔吉克斯坦三国总统和巴基斯坦的阿迦汗四世（Agha Khan Ⅳ，伊斯兰教伊斯玛仪派尼扎尔支派的精神领袖。他建立了阿迦汗发展集团，这是一个国际化组织，致力于改善发展中国家贫困地区人民的生活条件与机会）签订协议，由阿迦汗发展集团建立中亚大学，在三国山区设立三个校区，即哈萨克斯坦的杰克利校区、吉尔吉斯斯坦的纳伦校区，以及塔吉克斯坦的霍罗格校区。三个校区以所在城市名加以区别］。有一点需要说明，哈萨克斯坦有一所大学名为哈萨克－美国大学（私立），不少人认为它是美国办的，实际上不是，美国并没有参与其办学和管理，但它是独联体国家中唯一一所成为美国高校协会（AAC&U）成员的高校，与美国高校有较多的交流。另外，中亚有多所俄罗斯没有参与办学的高校的名称中有"俄罗斯"（русский）一词，如哈萨克斯坦－俄罗斯医科大学（Казахстанско-Российский медицинский университет），使用"俄罗斯"一词是表示该校的教学语言主要是俄语，这类高校一般与俄罗斯有较多的交流。

吉尔吉斯斯坦：吉尔吉斯－俄罗斯斯拉夫大学，莫斯科企业与法律学院比什凯克分校，吉尔吉斯－俄罗斯教育学院，俄罗斯普列汉诺夫经济大学比什凯克分校，美国中亚大学，吉尔吉斯－土耳其玛纳斯大学，纳伦中亚大学（在比什凯克还有一所欧洲安全与合作组织研究院，招收一年制硕士研究生，在吉尔吉斯斯坦不同版本的高校名录中，有的收录了它，有的没有。表2未计入）。

塔吉克斯坦：俄罗斯－塔吉克斯拉夫大学，莫斯科大学杜尚别分校，莫斯科动力学院杜尚别分校，莫斯科钢铁学院杜尚别分校，霍罗格中亚大学。

土库曼斯坦：俄罗斯国立石油天然气大学阿什哈巴德分校，土库曼－土耳其国际大学。

乌兹别克斯坦：莫斯科大学塔什干分校，俄罗斯普列汉诺夫经济大学塔什干分校，俄罗斯国立石油天然气大学塔什干分校，塔什干威斯敏斯特国际大学，都灵工学院，仁荷大学（在韩国仁川），新加坡大学（有的资料中还有国立莫斯科企业管理学院、莫斯科税务学院，表2未计入）。

这些高校从办学层次上看，都以本科为主，多数培养硕士，培养博士的不多。下面介绍几所比较有特点、水平较高、影响较大的大学。

1. 亚萨维哈萨克－土耳其国际大学

1992年10月，哈萨克斯坦与土耳其两国政府签订《关于在突厥斯坦市建立亚萨维哈萨克－土耳其国际大学的协议》，将原国立突厥斯坦大学改为哈土合办的国际大学；2009年10月，双方又签订了关于该大学办学条件的协定。学校现有包括理、工、农、医、社会、人文在内的18个系，共有57个本科专业，有29个专业授予硕士学位，有11个专业授予博士学位，在校生约1.6万人。授课语言有哈萨克语、土耳其语、俄语和英语。学校最高管理机构是政府间全权委员会（设在安卡拉，任期5年），学校依委员会确定的章程进行管理。委员会有委员10人，双方各5人。委员会主席由土方担任并由土耳其总统任命，另4人由土耳其政府任命。哈方5人均为大学校长，由哈萨克斯坦政府任命，其中1人担任副主席。学校预算及资产，双方各占一半。至2012年，土耳其已拨款1.5亿美元。该校与土耳其的交流十分密切，每年有不少学生去土耳其学习。学校每年为突厥语国家的学生设200个奖学金名额，有近1/10的学生来自突厥语国家。另外，该校与西方国家的交流也比较多。2012年，非政府机构哈萨克斯坦教育质量保障公司将亚萨维哈萨克－土耳其国际大学列入哈萨克斯坦10强高校，但QS世界大学排名中列入的7所哈萨克斯坦高校中没有该校。该校是土耳其在中亚合办高校中投入最大、参与最多的一所，是土耳其境外文化发展战略在中亚的一个样板。

2. 哈萨克斯坦－不列颠技术大学

2000年11月，哈萨克斯坦教育与科学部和英国文化委员会签订谅解备忘录，决定合作建立哈萨克斯坦－不列颠技术大学。2001年8月，哈萨克斯坦政府根据备忘录决定建立该大学。学校主楼是前议会大厦。该校现有8个系（院、中心）35个专业，可授予学士、硕士和博士学位。其石油天然气、化工、信息技术三个专业为哈萨克斯坦国内最佳专业。哈方的主管部门是教育与科学部，另有能源和矿产部、财政部、战略规划署，这4个部门是校长委员会的成员。英方参与者为英国驻哈萨克斯坦大使馆和英国文化委员会，以及阿伯丁大学、罗伯特戈登大学、赫利奥特瓦特大学、威斯敏斯特大学、伦敦商学院等。该校与麻省理工学院、哈佛大学有较多交流。该校约370名教师中，有30%来自国外，商学院（与伦敦商学院合办）为60%，MBA为100%。该校居哈萨克斯坦工科院校第一，在QS世界大学排名中进入前600名。该校毕业生就业率高达98%。英方对学校的管理参与不多，主要是对一些专业派出教师，提供设备及教材，有几个英国公司设立了奖学金，提供赞助，但金额不明。据悉，2015年12月，该校与哈萨克民族技术大学合并。

3. 吉尔吉斯－俄罗斯斯拉夫大学

该校于1993年设立，法律基础是1992年6月签订的《吉尔吉斯共和国和俄罗斯联邦友好合作互助条约》、1992年9月吉尔吉斯斯坦总统令、1993年9月吉尔吉斯斯坦和俄罗斯政府《关于设立吉尔吉斯－俄罗斯斯拉夫大学的协定》，以及两国政府的几个决定。2004年，吉尔吉斯斯坦总统下令以叶利钦的名字命名该大学。学校主楼是前苏联军官俱乐部。学校章程规定，学校的活动遵循吉俄两国宪法、法律和两国政府的相关规定，也就是说，该校在法律上具有双重身份。在学校预算中（按2013年的数据，学校年预算约合1500万美元），俄罗斯的投入约占40%，主要用于奖学金和科研。目前该校有包括文、理、工、医在内的8个系，有80个教研室、6个研究所、15个科学教育中心；教职工近2000人，学生11000人（其中业余学生2200人），其中博士生数十人，硕士生300余人。该校所有课程均用俄语讲授，为保持俄语在吉尔吉斯斯坦社会中的地位发挥了十分重要的作用。由于该校的特殊性，俄罗斯多所知名高校，如莫斯科大学、鲍曼技术大学、新西伯利亚大学等，以及俄罗斯科学院都参与了该校的教学、科研活动。据俄罗斯知名排名机构«Эксперт РА»的资料，吉尔吉斯－俄罗斯斯拉夫大学在吉尔吉斯斯坦高校中排名第一；另据欧洲科学产业院的排序，吉尔吉斯－俄罗斯斯拉夫大学位列第二（第一是吉尔吉斯－土耳其玛纳斯大学，简称"玛纳斯大学"）。

4. 美国中亚大学

该校建于1997年，其前身是吉尔吉斯斯坦民族大学于1993年组建的吉尔吉斯－美国学院（系），1997年11月根据总统令改组为独立的吉尔吉斯斯坦美国中亚大学。学校的主建筑是独立前的吉尔吉斯加盟共和国最高苏维埃大楼。时任吉尔吉斯斯坦总统阿卡耶夫和美国总统克林顿的夫人希拉里出席了新校开学仪式。吉尔吉斯斯坦政府、美国国务院、开放社会研究所（索罗斯基金会所属的一个机构）就支持办学签订了谅解备忘录，美方提供了一笔启动经费。学校也从欧亚基金（由美国国际开发署于1993年设立，对波罗的海三国之外的12个前苏联国家提供科学教育领域的资助）和其他机构获得资助，多所美国高校也向该校提供了资金。2002年，该校更名为美国中亚大学，是独联体内唯一一所采用美国办学模式的高校，校长一直由美国人担任。该校的办学理念是民主、自由表达和学术诚实。建校过程中，由美国的印第安纳大学牵头，从美国高校招聘相关专业的教师来校任教。课程设置与美国相同，采用学分制。专业以人文社会学科为主，共有11个本科专业、3个硕士专业。除少数课程外，授课都使用英语，在第二外语中开设了中文课。此外，学校还设有多个研究所。在校生约1200人，来自20多个国家（其中数名来自中国），以吉尔吉斯斯坦和其他中亚国家为多。教师来自西方的比例很高。学生全部自费，但获得奖学金的比例较高。学费按吉尔吉斯斯坦、独联体国家、其他国家分为三个标准。毕业生被外国高校录取为研究生的比例很高，就业率也很高，在政府、外国机构和大企业就业的毕业生不少。该校与多所美国高校有合作关系，目前主要的合作伙伴是巴德学院（Bard College）。

综合以上介绍，我们对外国在中亚开办大学的情况做几点归纳和总结。

（1）办学数量上，俄罗斯居首位，占总数的一半，其次是土耳其和巴基斯坦。中亚曾是俄罗斯帝国和苏联的一部分，在俄罗斯的对外政策中占有优先地位。为了恢复俄罗斯作为独联体国家教育中心的地位，俄政府将《俄罗斯联邦支持独联体教育一体化纲要（2004～2005年）》《俄罗斯联邦"俄语"目标纲要（2002～2005年）》《俄罗斯联邦"俄语"目标（2006～2010年）》《俄罗斯联邦"俄语"目标（2011～2015年）》等规划纳入联邦预算，并通过在俄罗斯境内高校培养留学生、建立俄罗斯高校的境外分校和与他国合作办学等方式来实现教育输出的目标，中亚是这一政策的主要目标区之一。俄外交部积极参与建立境外俄罗斯高校分校，俄语世界基金会、世界俄语教学研究会（МАПРЯЛ）、莫斯科大学、普希金学院是境外办学和对外俄语教学的主力军。目前，几乎所有的独联体和波罗的海国家都有俄罗斯高校的境外分校，"俄罗斯＋合作方国家名＋斯拉夫大学"多已发展为所在国家的知名院校和文化、科研中心。显然，在境外办高校是俄罗斯国家战略的组成部分。

土耳其对中亚也有其特殊考虑。中亚国家独立后，土耳其迅速借助在伊斯兰教和突厥语方面与中亚的文化历史联系，采取多种经济、文化政策和措施，努力扩大在中亚的影响，甚至有人提出了土耳其与中亚一体化，乃至建立以土耳其为中心的突厥国家联邦的想法。通过倡议召开突厥国家峰会、投资办企业和学校、接受留学生、举办各种文化活动等做法，土耳其在中亚的影响迅速扩大。除大学之外，土耳其还在中亚办了多所中学〔由"居伦运动"（The Gulen Movement）开办。"居伦运动"是当代土耳其伊斯兰复兴运动中的一个主要思潮和社会力量，其创始人是费特胡拉赫·居伦（Fethullah Gulen）。"居伦运动"在中亚办学的目的是"使安纳托利亚的道德责任重返中亚"，明显具有"泛突厥主义"色彩，在乌兹别克斯坦和俄罗斯遭禁。2016年土耳其发生政变后，土耳其政府要求哈萨克斯坦关闭其境内的居伦学校，但哈萨克斯坦只是改变了学校名称，并没有将其关闭〕。

显然，俄罗斯和土耳其在中亚办学都具有明显的政治目的。而阿迦汗四世办学不是国家政策的内容，它主要是为了不发达地区特别是山区的教育发展而办学，所以，他办的中亚大学的三个校区都在山区的小城市。其他国家的办学目的也各不相同，由于篇幅关系，不再详述。

（2）从办学形式看，上述高校可以分成三类。第一类是独立高校，如美国中亚大学、吉尔吉斯－俄罗斯斯拉夫大学等；第二类是国外大学的分校，如莫斯科大学杜尚别分校等；第三类是国外大学，虽然有其他国家参与了部分专业（院、系）的建设，但没有使用"分校"这一名称，如都灵工学院、新加坡大学、哈萨克斯坦－不列颠技术大学商学院等。

（3）这些合办高校的专业设置以人文社会科学为主（少数例外），即使是综合性大学，其文科比重也明显超过理工科。

（4）从办学投入上看，外方投入明显低于学校所在国。所在国除了提供土地、校舍之外，在学校运营经费上的投入一般也都超过外方，外方投入最多的，其占比也只有约一半，投入方式主要是派出教科人员，提供科研费、教学－科研设备、奖学金等，在学校固定经费上做投入的例子不多，更少如阿迦汗中亚大学那样用于基建者。

（5）管理方面，除分校外，多以本国为主，像亚萨维哈萨克－土耳其国际大学、美国中亚大学那样外方高度参与的例子不多。管理体制多样，有的完全采取欧美模式，有的采取本国模式，有的则采用混合模式。由于中亚国家都加入了"波隆尼亚进程"，学制、学位制度渐趋统一，在管理方面与外方的争议不多。

（6）对于外国在境内办学，中亚各国都没有明确的法律规定。教育法中没有相关的条文，也没有专门法。一般的做法是由主管部门（主要是教育部，有时也有科学院、外交部参与）与国外机构或组织签订协议，报议会或总统批准，也有报主管部门批准的。对双方的投入、管理等也没有明确的政策规定，主要依据双方的协议。

三 结语

中亚高等教育起源于 20 世纪初，后经过苏联的建设和发展，到苏联解体前已处于教学设施基本完备、学科体系较为完整、教育质量相对较高的状态。苏联时期不仅是中亚高等教育体系逐渐建立、完善和发展的重要时期，而且对独立后中亚五国的高等教育改革产生了重要影响。苏联解体后，受国内外局势影响以及对接国际教育体系的需要，高等教育从"苏联模式"转向"欧美模式"成为包括中亚国家在内的前苏联国家的普遍选择。中亚国家在教育体制上的调整和改革，对 Tempus、"波隆尼亚进程"等国际标准的引进以及各种政府奖学金的设立，都是这种转变的重要表现。

在与中亚国家开展高等教育合作方面，俄罗斯仍具有巨大的吸引力。它不仅是"独联体教育一体化""欧亚经济联盟教育体系一体化"的积极倡导者，而且在中亚国家开办了多所高校（分校），它在中亚文化和教育领域内的传统影响力依然重要。与此同时，西方国家和一些伊斯兰国家对与中亚国家开展教育合作也非常积极。例如，美国是向中亚国家提供贷款和政府援助最多的国家，在中亚教育领域也做了多方面的投入：开办了美国中亚大学，接收留学生，派出教师（包括和平队，美国于1993年向哈萨克斯坦和吉尔吉斯斯坦派出和平队，在哈萨克斯坦的和平队已在2011年撤出），有多所美国大学与中亚高校建立了校际合作关系。日本向中亚国家提供了数亿美元的文化资助。2004~2006年，日本接收了1000余名中亚国家的研修员，并拨出专款接收乌兹别克斯坦和吉尔吉斯斯坦的留学生。另外，日本还资助了中亚多所学校的维修、改建工作。2005年，名古屋大学在塔什干法学院建立了日本法律研究和培训中心。其他国家如德国、法国、土耳其等，也都做了大量的工作。可以认为，今后中亚国家的教育、科技精英大多数都会有在西方学习的经历。相对而言，在与中亚的高等教育合作方面，中国的投入明显小于俄罗斯和西方国家，这种情况在"丝绸之路经济带"建设过程中将逐渐改变。

欧安组织对亚信会议组织化的启示与借鉴

乔伟其

（兰州大学　中亚研究所，甘肃　兰州，730000）

【摘　要】为了进一步发挥亚信会议在增进亚信成员国之间信任与合作方面的作用，必须尝试解决其组织化问题。作为与亚信会议有着相似的安全理念与宗旨，并且面临着相似的区域安全问题的国际论坛，欧安会已经成功实现了组织化，其发展经验与历程对亚信会议具有重要的启示与借鉴意义。本文通过分析欧安组织的发展过程，认为明确发展方向、凝聚共识、营造良好的国际环境是亚信会议实现组织化的必要条件。同时，本文认为，中国作为亚信会议现任轮值主席国，能够发挥促进亚信成员国互信与协作、共同构建与完善亚信会议安全合作机制的作用。未来亚信会议的组织化建设应以亚洲新安全观作为思想基础，积极落实各项信任措施，加强各国联动，为早日实现亚信会议组织化夯实基础。

【关　键　词】亚信会议；欧安组织；安全合作

【作者简介】乔伟其，兰州大学管理学院国际政治专业硕士研究生，主要研究方向：地缘政治与国别研究。

当前，通过国家以及地区间合作来维护地区的稳定和秩序，共同应对风险挑战和解决经济社会发展中出现的问题,已经成为世界各国的共识。作为世界上新的经济增长极,亚洲正受到两大趋势的影响。一方面,冷战结束以来,亚洲国家凭借总体和平稳定的有利环境,创造了"亚洲奇迹",为可持续发展奠定了坚实基础;另一方面,亚洲的飞速发展局面正受到日趋复杂的安全环境的困扰,地区热点问题、局部冲突此消彼长,历史遗留问题和现实利益相互摩擦、碰撞,传统安全威胁与非传统安全挑战彼此交织。① 显而易见的是,亚洲各国政治形态多元,安全合作机制总体水平不高,使各国在应对区域性安全问题时难以形成合力。

在全球化大背景下,安全的含义已演变为一个综合概念,安全的跨国性、综合性和联动性日益突出。同一地区各国休戚与共,任何国家在安全问题面前都难以独善其身。各国应在迄今已达成共识的基础上,谋求共同、综合、合作、可持续安全。② 因此,构建综合性的亚洲安全合作机制,已成为亚洲各国谋求国家安全、保持经济增长、维护社会稳定的重要举措,其中亚洲相互协作与信任措施会议(以下简称"亚信会议")就是此类安全合作机制的代表之一。两极格局崩坍之后,鉴于亚洲地区严峻的安全形势,哈萨克斯坦总统纳扎尔巴耶夫于1992年10月在第47届联合国大会上提出了召开亚信会议的倡议,目的是为政治制度与经济发展水平各异的亚洲国家创造普遍能够接受的多边磋商机制。亚信会议的使命包括:维护亚洲地区和平、安全和稳定;加强亚洲各国人民在经济、生态环境领域的合作;在人文及文化方面开展合作。③ 时至今日,亚信会议在促进亚洲和平与合作、增进成员国相互了解与信任、维护地区安全与稳定、促进区

---

① 《亚洲相互协作与信任措施会议第四次峰会上海宣言》(2014年5月21日),中华人民共和国外交部网站,http://www.fmprc.gov.cn/web/gihdq_676201/gihdqzz_681964/yzxhhy_683118/zywj_683130/t1158307.shtml。
② 《亚洲相互协作与信任措施会议第四次峰会上海宣言》(2014年5月21日),中华人民共和国外交部网站,http://www.fmprc.gov.cn/web/gihdq_676201/gihdqzz_681964/yzxhhy_683118/zywj_683130/t1158307.shtml。
③ 《亚信成员国相互关系指导原则宣言》(*Declaration on the Principles Guiding Relations between the CICA Member State*,1999年9月14日),亚信会议官方网站,http://www.s-cica.org/admin/upload/files/DECLARATION_ON_THE_PRIN-CIPLES_GUIDING_RELATIONS_(1999)_-_eng.do。

域交流与合作方面发挥着独特作用。① 随着亚洲安全和发展模式的变化，亚信会议作为本地区规模最大、具有独特安全合作理念的地区安全合作论坛而备受关注。尤其是在 2014 年 5 月"上海峰会"后，亚信会议进入一个新的发展阶段。在这一阶段，亚信会议如何进一步明确自身发展定位、构建和完善地区安全合作机制、实现从论坛到地区性国际组织的转变将成为各方关注的重点，尤其是亚信会议能否成为亚洲安全合作新架构建立的基础成为当前最主要的研究议题。

一　文献回顾与问题提出

目前，国内学界尤其是国际关系学界在亚信会议方面的研究尚处在初步探索阶段，还没有一部系统性的研究亚信会议的著作问世，研究论文也相对较少。从已发表的研究成果可以看出，国内学者的基本研究思路主要有以下三种：其一，以亚信会议为案例论述小行为体能否建立国际制度，探讨在大国战略互信缺失、地区安全机制不足的情况下，小行为体发挥主导作用、建设地区安全机制的可能性与条件；② 其二，对亚信会议的发展现状做特定的案例分析，探讨其发展现状与趋势，提出启示性结论和对策；③ 其三，国内部分学者已经在亚洲区域安全合作理念的基础上构建起相对全面的亚信会议合作新方式，以求克服认知共同体、利益共同体、责任共同体以及命运共同体缺乏的困境，积极落实各项互信措施，加强机制建设，为建立亚洲安全合作新架构做出贡献。④ 其中，上海国际问题研究院俄罗斯中亚研究中心副研究员强晓云的研究论文较为全面。在《从安全

---

① 强晓云：《从安全理念的演变看亚信会议框架下的安全合作》，《国际展望》2015 年第 4 期，第 39 页。
② 魏玲：《小行为体与国际制度——亚信会议、东盟地区论坛与亚洲安全》，《世界经济与政治》2014 年第 5 期，第 85~100 页。
③ 许涛：《亚信会议的发展历程、特点与时代意义》，《当代世界》2014 年第 5 期，第 2~5 页。
④ 强晓云：《从安全理念的演变看亚信会议框架下的安全合作》，《国际展望》2015 年第 4 期，第 54 页。

理念的演变看亚信会议框架下的安全合作》一文中,强晓云讨论了新时期亚洲安全局势的复杂特点与严峻局势下建设亚洲安全新架构的必要性,并认为亚信会议在促进亚洲和平与合作、增进成员国相互了解与信任方面发挥着独特作用。作者根据亚洲地区存在的共同的综合性安全挑战,阐述了不断演变与完善的亚信会议安全理念,并依照中国倡导的亚洲新安全观已经成为亚信会议安全理念的核心内容,论证其对促进亚洲国家之间互信与协作、共建安全稳定的地区环境具有深远意义。而国外学术界对亚信会议的关注度相对较低,研究力度不够,几乎没有出版学术专著,科研论文也主要是在研究区域安全合作时对亚信会议有所提及,关注点也大多集中于通过发挥亚信会议的沟通渠道作用,增强地区国家间相互信任,加强安全合作。[1] 简言之,国外研究缺少对亚信会议的实证研究和学理研究,鲜有专门研究亚信安全合作机制的论文发表。

综上所述,目前关于亚信会议的研究,国内外的研究成果还相对较少,学者们的研究方向也大都偏向于介绍亚信会议的发展历程和当前状况,大多属于描述性质的研究,并未对亚信会议未来的发展方式提出明确的预测与阐述。因此,本文希望在既有研究的基础上,以亚信会议组织化问题为切入点,通过案例比较的方法进行实证研究,探究亚信会议实现组织化的前景。此外,通过比较欧安组织的发展模式,以期为亚信会议的未来发展方向提供有益的借鉴,同时对亚信会议未来的发展趋势特别是亚信会议实现组织化的可能性进行大胆的预测和阐述。

如上所述,本文拟就以亚信会议未来发展方向为中心,重点论述三个方面:一是亚信会议发展与欧安组织的相似性;二是欧安组织的发展经验对亚信会议的启示;三是亚信会议未来实现组织化的前景。

二 亚信会议与欧安组织的相似性

1999 年 9 月,亚信会议各成员国在哈萨克斯坦阿拉木图召开了首次外

---

[1] Zhazira Ayapbergenovna Taubayeva, "Regional Stability of Central Asia: Confidence Building Measures (CBM)," *Middle - East Journal of Scientific Research* 3 (2014): 445-448.

长会议，通过了《亚信会议成员国相互关系原则宣言》，其目的是为政治制度与经济发展水平各异的亚洲国家创造普遍能够接受的多边磋商机制。亚信会议的合作领域很广阔，包括：维护亚洲地区和平、安全和稳定；加强亚洲各国人民在经济、生态环境领域的合作；在人文及文化方面开展合作。为了更好地促进这些领域的合作，亚信会议出台和制订了一系列文件和规划。这表明各成员国在维护亚洲和平、安全与发展的层面上达成了基本共识。

随着"上海峰会"的召开，亚信会议的合作水平与国际影响力有了很大提升，各成员国相继表达了安全合作意愿和构建安全合作机制的要求，习近平主席也在讲话中对推进亚信安全合作机制的完善给出了建议，包括：推动亚信会议成为覆盖全亚洲的安全对话合作平台，并在此基础上探讨建立地区安全合作新架构；加强亚信会议能力和机制建设，支持完善亚信会议秘书处职能，在亚信会议框架内建立成员国防务磋商机制及各领域信任措施落实监督行动工作组等。① 因此，当前这一阶段问题的关键已经不在于亚信会议是否有必要构建制度化和组织化的安全合作机制，而应在于如何建构这一机制，即各成员国如何协调各自的利益政策，制定建立安全合作机制的时间表和具体步骤。

面对同样的问题，欧安组织已经走出了一条较为成功的转型之路。纵观欧安组织的发展历程，它表现出由松散到紧密、由非正式向正式、由低级向高级的发展方向。② 作为一种区域安全合作机制，欧安组织的前身欧安会产生于紧张对峙的冷战格局之下，在随后的发展历程中表现出不同于其他组织的重要作用。欧安会起初是作为"逐步推进的多边外交进程"，其发展方向是制度化和组织化。为了更好地发挥自身的作用，欧安会在设立了各种常设机构与制度之后转变为一个国际组织，并逐渐发

---

① 《习近平：积极树立亚洲安全观 共创安全合作新局面》（2014年5月21日），中华人民共和国外交部网站，http://www.fmprc.gov.cn/web/ziliao_6749041/zyjh_674906/t1158070.shtml。
② 陈须隆：《区域安全合作之道——欧安会/欧安组织的经验模式及其亚太相关性研究》，世界知识出版社，2013，第228~229页。

展为欧洲最大的区域安全组织。① 在寻求构建安全合作机制和实现自身组织化的进程中，亚信会议的发展方向与欧安组织有着明显的相似性。二者的发展宗旨相似，而且都面临着类似的如何进行区域安全合作的问题。因此，欧安组织的发展经验对亚信会议有着重要的借鉴意义。

（一）发展宗旨

2002年，亚信会议各成员国在哈萨克斯坦阿拉木图召开了第一次领导人峰会。在此次峰会上，各成员国一致同意，为让亚信会议成为具有全面功能的论坛，设立秘书处等必要的组织机构。各成员国领导人在此次峰会上共同签署了旨在增进亚洲和平、安全与稳定的《阿拉木图文件》与《关于消除恐怖主义和促进文明间对话的宣言》。该宣言将亚信会议的发展宗旨表述为："扩大合作，保障亚洲的和平、安全和稳定，打击毒品非法生产和流通，为亚洲繁荣和稳定扩大贸易与经济合作，打击任何形式的恐怖主义，在保护环境方面的所有问题上加强合作，防止大规模杀伤性武器的扩散并最终消除这种武器，采取人文领域的信任措施，加强不同文明之间的相互尊重、理解和宽容，在成员国之间落实信任措施，等等。"② 其中的主要内容都能在欧安会1975年的《赫尔辛基最后文件》中找到对应或类似的条款，只是在人权领域的合作方面，亚信会议没有提出明确的合作内容，而欧安会第七条原则强调"尊重人权和基本自由"。由此可见，二者在成立时确立的宗旨和目标十分相似，基本可以归纳为：通过对话与合作增进相互了解与信任；承诺以和平方式解决国家之间的分歧和争端；促进地区政治、安全、经济和文化等诸多领域的合作，并在对外关系中协调各国立场。不同之处在于，由于产生之初的历史背景不同，二者在目的和具

---

① 陈须隆：《区域安全合作之道——欧安会/欧安组织的经验模式及其亚太相关性研究》，世界知识出版社，2013，第229页。
② 《关于消除恐怖主义与促进文明对话的宣言》（*Declaration of the First CICA Summiton Eliminating Terrorism and Promoting Dialogue among Civilization*，2016年6月17日），亚信会议官方网站，http://www.s-cica.org/admi/upload/files/CICA_Declaration_Elimination_of_terrorism_(2002)_-_eng.doc。

体政策上有所偏差。亚信会议更关注与维护冷战结束后亚洲地区的稳定和繁荣局面；而欧安会则注重于缓和两极之间的对抗，促进苏东国家人权的发展，以达到"和平演变"的目的。

（二）利益多样性与大国协调

亚信会议与欧安组织在发展历程中的相似性，还体现为都面临类似如何进行区域安全合作的问题。长期以来，关于欧安组织的研究都认为，它的成立和发展为区域安全合作提供了新的范例。欧安组织在其发展历程中，表现出明显的发展特征，它的安全合作从建立信任措施开始起步，逐步发展起各种安全合作机制，并朝着"为了二十一世纪欧洲的共同与综合安全模式"方向发展。[①] 但是其在发展过程中也表现出很强的矛盾性。例如，应对危机挑战时，公正和效率问题就表现得很明显，欧安组织有55个成员国，在需要及时决策的情况下，要完全达到协商一致非常不易，效率不可能很高，不利于问题的解决；平等参与、协商一致的安全合作理念体现出国际关系的民主化追求，但是实际上，大国与小国在合作框架下进行平等的对话协商时，大国的投入和支持是有限的，这在很大程度上限制了欧安组织的发展空间。换言之，欧安组织实际上是在协调大国立场和保持公正与效率的基础上进行区域安全合作的较为成功的国际组织。

当前，亚信会议各成员国与观察员国在政治制度、意识形态、经济发展水平、历史文化传统和国家安全关切方面千差万别。例如，中东国家视巴以问题为地区和平的核心，中亚诸国关心阿富汗局势对地区安全稳定的外溢效应，而东亚一些国家则更关注海洋权益争端引起的安全问题。即使在亚信会议成员国共同关心的非传统安全问题上，各国的关切也各有侧重。例如，中东国家在非传统安全问题上更关注恐怖主义、宗教极端主义的蔓延，中亚国家则更关注毒品走私、跨国犯罪以及水资源利用等问题，

---

① 陈须隆：《区域安全合作之道——欧安会/欧安组织的经验模式及其亚太相关性研究》，世界知识出版社，2013，第229页。

东南亚诸国更关注防灾减灾、气候变化等问题。① 另外，在亚信会议的发展历程中，一直缺乏主要大国的关注与支持，呈现"小马拉大车"的局面，这也是其未来发展必须考虑的因素。如何在不影响成员国地位平等的情况下，在区域安全合作框架内协调各国利益诉求，得到大国的支持与投入，保证亚信会议在应对危机时的公正与效率，成为亚信会议未来实现组织化所面临的最大挑战。由此可见，亚信会议和欧安组织面对的同样是在区域安全合作过程中，如何在不同国家间进行力量整合的问题，这是欧安会/欧安组织的发展经验能为亚信会议所借鉴的又一个重要原因。

（三）安全合作机制碎片化风险

最早给安全机制下定义的是斯蒂芬·克拉斯纳（Stephen Krasner），他认为："安全机制的基础是国家行为体和非国家行为体接受并推动需共同实施的规范、准则和制度。"② 而对国际安全机制分类最详细、最系统的是韩国学者洪基俊，他将安全机制定义为："在一个特别的安全领域范围内目的在于约束国家行动的一种稳定化了的两个或者两个以上的国家间的协定。"他的三个分类标准是手段、问题和其他机制化与强制性的程度。按照这一标准，欧安会/欧安组织和亚信会议显然是两个比较典型的多边合作或区域安全合作机制。尤其是欧安组织，它已经形成了一套长期有效的约束国家间行为的"原则、规则、规范和程序"，提供了"超出自我利益追逐的一种合作形式"。③ 纵观欧安组织的发展历程，其在维护欧洲安全稳定方面发挥的作用是值得肯定的，但是其安全机制的弱点和缺陷也很明显，主要表现之一就是其安全机制虽然具备干预国内冲突的合法性，却缺少相应的强制手段，这也是其处理危机事件的能力远不如北约和欧盟的原

---

① 强晓云：《从安全理念的演变看亚信会议框架下的安全合作》，《国际展望》2015年第4期，第51页

② 〔法〕夏尔-菲利普·戴维：《安全与战略：战争与和平的现时代解决方案》，王忠菊译，社会科学文献出版社，2011，第303页。

③ 陈须隆：《区域安全合作之道——欧安会/欧安组织的经验模式及其亚太相关性研究》，世界知识出版社，2013，第159页。

因之一；另外，欧安组织的维和能力有限，协商一致的决策过程漫长，易于产生可靠性危机，并且易受制于大国博弈和北约的制衡等。"一言以蔽之，强制安全方面决非欧安组织的长处，在此方面它是无能为力的，而这在很大程度上要归于北约的存在和持续对它的限制。"① 由此可以看出，欧安组织存在着安全机制碎片化的风险，大国为争夺地区事务主导权，将制度安排作为实现其战略的工具，面对日益严峻的区域安全形势，欧安组织缺少维护地区安全稳定的强制力，这也成为困扰欧安组织建立"二十一世纪欧洲的共同和综合安全模式"的难题之一。

与欧安组织相类似，亚信会议也存在机制协调能力先天性不足、制度建设滞后、缺乏维护地区安全稳定的强制力等问题，而且这些缺陷已成为阻碍亚信会议发挥自身作用的重要因素。与此同时，亚信会议所要应对的安全状况和成员国的差异性相较于欧安组织更为复杂。首先，"亚信会议各成员既没有相应的机制保障使各国能够齐心协力应对各种安全挑战，也缺乏对可持续等安全挑战的主导认识，进而导致缺乏责任共同体与命运共同体意识。此外，成员国、观察员国的多样性与差异性还使得亚信会议在安全合作方面缺乏明确的核心价值观，更制约其机制建设能力的提升。而成员国和观察员国对亚信会议发展方向的不同看法以及亚洲日趋严峻的安全形势，更为亚信会议机制能力建设增添了新的障碍"。② 亚洲地区"机会主义盛行，中小国家普遍参与各类竞争性机制，以短期收益来衡量机制对本国的价值，制度认同感较低"。③ 各种地区安全组织职能重叠，相互竞争，各国参与其中追求利益最大化，导致谁都不愿意提供区域安全公共产品，效率低下，对制度的认同普遍不高。由此可以看出，亚信会议所面临的安全机制碎片化风险要远高于欧安组织。

综上所述，本文认为，作为与欧安组织有着近似宗旨的区域安全多边

---

① 陈须隆：《区域安全合作之道——欧安会/欧安组织的经验模式及其亚太相关性研究》，世界知识出版社，2013，第253页。
② 强晓云：《从安全理念的演变看亚信会议框架下的安全合作》，《国际展望》2015年第4期，第52页。
③ 陈小鼎：《区域公共产品与中国周边外交新理念的战略内涵》，《世界经济与政治》2016年第8期，第40页。

对话协商论坛，亚信会议也遵循着与欧安组织相似的基本原则以探寻未来安全机制的建构和发展方向。正是基于亚信会议与欧安组织及其前身欧安会的相似性与可比性，本文选取欧安组织作为亚信会议发展的参照对象。尽管这并不意味着亚信会议可以复制欧安组织的发展之路，但通过考察欧安组织的发展历程和总结其发展经验，可以为亚信会议未来发展的方向提供必要的借鉴。

三 欧安组织的发展历程及启示

欧安组织之所以能发展为一个较为成功的区域安全合作组织，它的安全合作理念与模式发挥了重要作用，其安全理念关心的是"安全"与"合作"的综合问题，两者只有结合起来，才能准确地概括战后欧洲所面临的主要问题；在程序问题和实际问题上，欧安模式实行的是更具灵活性的协商一致决策规则，将多数表决和一致赞同的决策规则区别开来，保障各个国家的平等参与权。在发展过程中，欧安组织还建立起了一套有效的安全机制与操作程序，包括安全与信任措施机制、和平解决争端机制、人权监督与干预机制、紧急事态机制等。不可否认，这些机制与程序在后来欧安组织的发展过程中发挥了积极作用。但是，时至今日，这些机制与程序也表现出明显的矛盾性，例如，处理紧急危机时效率低下、组织决议约束力不足等问题同样不容忽视。因此，我们有必要了解究竟是哪些因素促进或限制了欧安组织的发展，以便为亚信会议建立安全合作机制、形成制度化的合作模式提供借鉴。

（一）发展历程

（1）筹备初创时期。欧安会产生于冷战时期东西方对抗的大背景下，是两大军事集团在紧张对峙和核威慑的恐怖阴影下，根据各自的安全需要寻求缓和的产物。作为一种冷战缓和的工具，军事安全合作进程一直是欧安会发展过程中的重要反映。而其一系列制度化的会议安排则实现了这一进程持续、渐进的发展。① 在欧安会军事安全建设中，1975年的《赫尔辛基最后文件》起到了基石的作用。其中，《关于建立信任措施和安全与裁军的某些方面的文件》使各方的军事透明度和预见性有了很大的提升，开创了一种新的安全与信任模式。它的另一重要性还表现为：它实际上是与会各国对它们所追求的共同目标以及实现这些共同目标的方式达成的政治协定，是关于欧洲安全与合作的共同纲领，是实现欧洲安全与合作的行为守则和行动指南，是政治一致性和各国承诺承担义务的证明书。② 这就决定了它具有更大的道义力量，具备更强的政治约束力。这一时期，欧安会只是冷战缓和的工具，其提倡的安全理念和信任合作并未形成制度化的结构。

（2）变革时期。冷战的缓和与结束为欧安会的发展提供了重要契机，特别是1990年的巴黎峰会成为欧安会实现组织化的起点。此次峰会是赫尔辛基峰会后欧安会举行的第二次峰会，也是冷战即将结束的缓和峰会，表现出更大程度的和谐性，取得了丰硕的成果。在此次峰会上，各国签署了一系列重要文件，如《欧洲常规武装条约》，这是战后北约和华约组织签署的第一个常规裁军条约，构筑了欧洲常规武装力量的平衡。③ 除此之外，还有《二十二国联合声明》《关于建立信任与安全措施维也纳文件1990》。需要强调的是，最为著名的是1990年11月巴黎峰会上签署的《巴黎新欧洲宪章》。这是一份总纲性质的文件，它规范了欧安会各国在冷战后的国家间关系，是欧安会迈向欧安组织的重要步骤。其中关于欧安会未来组织化运作模式的设计和安排，是整个宪章中最重要的部分。④ 具体举措包括：第一，苏东国家基本接受了西方国家的价值观，这就将各国凝聚在"人权、民主、法制"的价值观共识下，奠定了组织化的思想基础；第二，以

---

① 祝小慧：《欧安组织机制与职能的演变》，《世界经济与政治》2002年第11期，第39页。
② 陈须隆：《区域安全合作之道——欧安会/欧安组织的经验模式及其亚太相关性研究》，世界知识出版社，2013，第65页。
③ 陈须隆：《区域安全合作之道——欧安会/欧安组织的经验模式及其亚太相关性研究》，世界知识出版社，2013，第116页。
④ 《巴黎新欧洲宪章》（*Charter of Paris for A New Europe*，1990年11月21日），欧安组织官方网站，http://www.osce.org/mc/39516?download=true。

外长理事会作为政治协商的基础,并成立高官委员会作为构建欧安组织的筹备理事会,全权负责执行决定,奠定了组织化的组织基础;第三,设立常设办事机构——秘书处,保证了欧安会工作的持续性和有效性。① 可以说,《巴黎新欧洲宪章》是欧安会迈向欧安组织的重要里程碑,为实现欧安会升级为国际组织迈出了坚实的第一步。

此后,欧安会加快了转型升级的步伐。1992年3月至7月召开的欧安会赫尔辛基峰会对于欧安会未来成为一个新的国际组织而言,是具有分水岭意义的。此次峰会设立了新的合作机制,如安全合作论坛、经济论坛、非正式的财经委员会等;同时,还以文件的形式确立了巴黎峰会上设立的轮值主席的职能。在接下来1994年12月召开的布达佩斯峰会上,各成员国决议正式将欧安会更名为欧安组织,规定自1995年1月1日起开始使用该名称。② 此外,此次峰会还对以前的各个机构进行了重新命名,以部长理事会取代欧安会理事会、以高级理事会取代高级官员委员会、以常设理事会取代常设委员会。③ 这也标志着欧安会就此完成了从安全合作论坛向安全性国际组织的历史性跨越。

(3) 新时期的安全合作考验。冷战结束以后,欧洲出现了新的安全问题与挑战。欧安会在完成向欧安组织的转型后,其新的职能也将在不同领域发挥作用,这些"领域涉及预防性外交、争端解决、冲突后重建及长期的冲突预防"。④ 这一时期,欧安组织的主要活动舞台是原共产主义阵营的苏东地区,目的是将这一地区尽早纳入欧安组织合作框架之中。最典型的就是其在波黑危机和第一次车臣战争中发挥了巨大的作用,尽管这个时期欧安组织是以西方国家为主导的,但是对于冷战后欧洲的和平与稳定而言,其意义是不言而喻的。但也不可否认的是,这一时期欧安组织事实上是受制于以北约为代表的西方国家的,在战略上也成为被西方国家利用的

---

① 《巴黎新欧洲宪章》(*Charter of Paris for A New Europe*,1990年11月21日),欧安组织官方网站,http://www.osce.org/mc/39516?download=true。
② "The OSCE History," http://www.osce.org/history, accessed on December 18, 2015.
③ 陈须隆:《区域安全合作之道——欧安会/欧安组织的经验模式及其亚太相关性研究》,世界知识出版社,2013,第126页。
④ 祝小慧:《欧安组织机制与职能的演变》,《世界经济与政治》2002年第11期,第39页。

工具，主要是为安抚俄罗斯、容纳和整合东欧发挥作用，"它的工作重心也从政治对话和沟通转移到协调行动"。① 这也为今天欧洲出现新的动荡埋下了伏笔。例如，在近几年的乌克兰危机中，欧洲分裂为两大对立面，俄罗斯和西方国家存在事实上的分裂线。在这场危机中，欧安组织几乎难以发挥作用，失去了应有的地位，被大国置于无足轻重的窘境，却显得毫无办法。

应当指出的是，欧安组织在发展历程中始终坚持以合作的理念推动各成员国积极参与欧安组织建设，尽管这其中暗含着意识形态、大国关系和地缘政治等因素的影响，但是欧安组织仍然以其独有的合作模式融合了这些因素，并且沿着"公报—对话—接触、沟通—协商、会谈—协调—协作"的脉络前进，并向着共同体的方向迈进"。② 在这一发展路径中，对各方利益的协调、对多边外交的认知，以及适时推动欧安会从论坛外交向组织化、制度化迈进都是不可或缺的重要步骤。

（二）安全理念

欧安组织有其独具特色的区域安全合作观念，这是建立在综合安全观、合作安全观和共同安全观基础之上的。

一方面，欧安组织追求的是一种以合作达至共同安全和综合安全的理念，充分尊重各成员国的安全利益。它的区域安全合作观念是综合的。欧安组织主张通过合作实现地区各国共同应对本地区所面临的军事、政治、社会、经济和环境上的威胁与挑战。也就是说，欧安组织是将区域安全合作中所面临的各类问题综合考虑，寻求一体化的解决办法，而非只对某个单一领域的问题进行解决，并且注重与联合国安理会等国际性安全组织的合作，在承认其权威的基础上进行安全领域的深层次合作。欧安组织的区域安全合作观念有很强的包容性与代表性。它主张区域内的所有国家都参

---

① 陈须隆：《区域安全合作之道——欧安会/欧安组织的经验模式及其亚太相关性研究》，世界知识出版社，2013，第140页。
② 陈须隆：《区域安全合作之道——欧安会/欧安组织的经验模式及其亚太相关性研究》，世界知识出版社，2013，第142页。

加进来，这些国家可以在主权平等的基础上参与欧安组织的一切机制与活动，反对特权与支配。此外，欧安会/欧安组织奉行协商一致的决策制定规则。各成员国以协商一致的规则求得共识，继而达成协议，这些协议一般都具有很强的政治约束力。①

另一方面，欧安组织的发展历程也充分证明了该组织区域安全合作观念的有效性。综合性的安全理念保障了在应对危机和问题上的力量投入与协调，包容性和代表性保障了欧安组织成员国的平等参与权。这样一种开放式的问题讨论形式，使成员国可以随时提出自身所面临的安全问题，在广泛协商和讨论的基础上推进安全合作，解决问题。协商一致原则使协议具有广泛的代表性和共识基础。上述原则，体现了欧安会/欧安组织区域安全合作观念的突出特征。

（三）发展模式及其特征

欧安组织发展模式的定义和内涵，可在欧安组织1996年召开的里斯本峰会上发表的声明中找到相应的表述。在此次峰会上，欧安组织发表了《关于二十一世纪欧洲共同和综合安全模式的里斯本宣言》②。在这份宣言中，欧安组织强调：自由、民主与合作是共同安全的基础；基于人权、法治、市场经济和社会公正的合作安全方法；各成员国的安全是紧密联系的，一国安全利益的维护是与他国安全利益相关联的，只有实现了共同安全，才能实现自身的安全。此外，宣言还着重强调，共享的价值观、义务和行为规范的忠诚是实现共同安全的基本要素。③ 由此可以看出，欧安组织的安全合作模式是以自由、民主和欧安组织各个国家和民族间合作为基础的共同与综合安全模式，强调各国行动、相互关系和安全安排的透明

---

① 陈须隆：《区域安全合作之道——欧安会/欧安组织的经验模式及其亚太相关性研究》，世界知识出版社，2013，第152页。
② "The OSCE Lisbon Summit," Lisbon Document 1996, DOC. S/1/96, 3 December 1996, p. 5, http://www.osce.org/mc/39539.
③ "The OSCE Lisbon Summit," Lisbon Document 1996, DOC. S/1/96, 3 December 1996, p. 5, http://www.osce.org/mc/39539.

度、公开性和可预测性。① 简言之,就是以合作安全模式实现全欧洲的安全、稳定、发展与繁荣。这一模式是通过协商一致形成各种规范来达到合作安全的,缺乏强制性,中国学者将其定义为"软安全模式",其主要特征为:强调运用和平手段与合作方式来处理国家间的安全问题,通过对话交流和建立信任措施来保持稳定的安全关系,依靠协商谈判和合作性安全机制来解决具体的利益冲突和安全矛盾。② 这种模式是在安全对话、双边和多边论坛的基础上构建安全信任机制,这样既增进了成员国之间的相互信任,同时也使各国对欧安组织的认同度大为提高,对缓解欧洲的安全困境大有助益,也为未来建构安全共同体凝聚了一定的思想共识。

(四) 自身存在的缺陷

欧安会自成立之始就面临着东西方两大军事集团紧张对峙的局面,缓解欧洲局势的紧张程度、维护地区和平与稳定、沟通和协调各方的立场成为其主要任务。总而言之,欧安组织的存在是为了建立一个安全、和平、稳定的欧洲。为实现这一目标,早期的欧安会就已承担起为严重对立的东西方集团提供对话和交换立场的平台的任务。但是,在两极格局下,无论是以苏联为首的社会主义阵营,还是以美国为首的资本主义阵营,在讨论欧洲安全局势时都是从本集团的利益与意识形态出发,导致彼此间观点严重对立并相互指责。这虽然给欧安会发挥其作用、实现其宗旨带来巨大困难,但在彼此僵持不下时,对共同安全的需要往往也使欧安会这一对话语协商平台可以发挥其影响力。实践证明,欧安会承担起了这一历史使命,在冷战时期大体维持了欧洲的和平与稳定。冷战结束后,原有的意识形态对峙格局不复存在,面对新的问题与挑战,欧安会也有了进一步发挥作用的有利的外部环境,在此基础上,各成员国不失时机地推动欧安会成功向欧安组织转变。但不可否认,欧安组织本身在发展过程中暴露出的不足之

---

① 陈须隆:《区域安作之全合道——欧安会/欧安组织的经验模式及其亚太相关性研究》,世界知识出版社,2013,第177页。
② 陈须隆:《区域安作之全合道——欧安会/欧安组织的经验模式及其亚太相关性研究》,世界知识出版社,2013,第178页。

处也是制约其进一步发展的主要因素。

首先,欧安组织在决策问题的过程中坚持各成员国协商一致的原则,这必然与解决问题的时效性与效率产生矛盾。不可否认,协商一致原则有利于各国在平等的基础上充分表达自己的观点,体现了国际关系的民主化和欧安会/欧安组织的公平性。但是,欧安组织成员国众多,利益诉求复杂,要实现全体成员国协商一致,其困难程度可想而知。这就使处理危机争端的时间和效率大打折扣,尤其是在出现紧急情况时,这一矛盾就显得格外突出。如何兼具公平与效率,也成为欧安组织难以解决的一对矛盾。

其次,欧安组织的发展始终受到国际格局中权力变化的影响。大国关系、地缘政治的变化极易制约欧安组织发挥作用。冷战结束之后,西方国家所界定的人权、自由、民主和市场经济观念与模式风靡全欧,成为欧安会的合作信条。在国家发展路线的选择上,原苏东国家完全倒向了西方,欧安会也成为配合西方扩展战略的工具。[①] 但是,作为苏联最主要继承国的俄罗斯,其世界大国梦不灭,在努力捍卫自己传统地缘势力范围的同时,也将欧安组织视为其在欧洲安全领域扩大影响力的平台。各方战略意图的对立,在欧洲人为地画出一条分裂线。各方围绕欧安组织主导权的明争暗斗,使原本就缺乏强制力的欧安组织更难以有效地发挥其安全作用,也为其所倡导的"构建二十一世纪欧洲的共同安全和综合安全模式"和建构欧洲安全共同体的希望蒙上了一层阴霾。

再次,欧安组织采取的是一种软安全模式,也就是说,它强调运用和平手段与合作方式来处理国家间的安全争端,通过对话交流和建立信任措施来保持稳定的安全关系,以协商谈判和合作性安全机制来解决具体的利益冲突和安全矛盾,故而在具体实施安全举措时,缺乏一定的强制力来保障其效力。然而,这样一种相对进步的安全模式,却在霸权主义、强权政治和暴力面前显得无能为力、窘态毕现,而且在短时间内是难以克服的。[②]

[①] 陈须隆:《区域安作之全合道——欧安会/欧安组织的经验模式及其亚太相关性研究》,世界知识出版社,2013,第181页。

[②] 陈须隆:《区域安作之全合道——欧安会/欧安组织的经验模式及其亚太相关性研究》,世界知识出版社,2013,第233页。

这也是为什么欧安组织在维护地区和平、解决安全危机时往往难有作为，并且长期存在信任危机以及成员国的参与性不强等问题。

最后，欧安组织缺少维护地区和平稳定的人力、物力、财力支持，在实际应对和处理危机的过程中难胜其任，这也削弱了它的权威性。例如，在经济援助、反恐与防止核扩散等方面，欧安组织基本上难以发挥其影响力，各成员国的实际参与热情并不高。它在处置突发事件方面的实际能力一直是其短板，为各方所质疑，这也是为什么西方国家在安全上更信任北约和欧盟，以俄罗斯为首的前苏联国家更依靠独联体。各方都对欧安组织产生了不信任感，这也是未来欧安组织建构欧洲安全共同体需要跨越的障碍之一。

综上所述，欧安组织作为欧洲唯一一个泛欧安全组织，在维护欧洲安全方面有着其促进各方对话的优势和独到之处，它能够从欧安会升级为欧安组织，这本身就证明了其合作安全模式的成功。与此同时，它的弱点和局限性也不容忽视。如何在未来的发展过程中改进自身的不足，扬长避短，积极发挥自身现有的优势，加强与其他组织的合作，实现优势互补，仍需各成员国加强合作，克服内部分歧，贡献智慧。

大体而言，欧安组织的成功发展对亚信会议具有以下四点重要启示。第一，区域性安全合作组织的发展取决于各成员国对区域内安全形势的判断和对该组织的认同程度。各成员国只有通过对区域安全形势变化的认知与分析，才能超越政治经济体制和历史文化传统的差异，形成合作的共识，这样构建安全合作组织才会成为各国维护本地区安全、稳定与繁荣的首选。在此基础之上，加深各国对该组织的集体认同，跨越意识形态的障碍，并将其发展为普遍性的区域性安全合作组织。第二，对于欧安组织和亚信会议这样的成员国利益需求不一的区域性安全合作平台，强调各国主权独立与平等、尊重成员国的多样性、将协商一致作为主要决策方式的组织原则，有助于成员国间实现互信与合作，提升组织的灵活性和包容性，[1]

---

[1] 陈小鼎、王亚琪：《东盟扩员对上海合作组织的启示与借鉴——兼论上海合作组织扩员的前景》，《当代亚太》2013年第2期，第114页。

有利于区域安全合作机制实现制度化和组织化。第三，国际格局的变化，尤其是大国关系的变化对区域安全合作组织建立的影响巨大。在欧安组织的发展过程中，美、俄、欧盟出于各自战略考虑和切身利益，都在刻意利用欧安组织这一安全机制，以求加强自身的地位和影响。从根本上讲，美、俄、欧盟力量对比的变化和它们之间的协调与合作，对欧安组织未来的作用至关重要。[1] 由此可以看出，无论是国际组织还是区域性合作论坛，大国都必然要在其中发挥引领作用，尽管这种作用有时多少带有霸权主义的阴影，会影响国际政治的民主化，但也必须承认，如果没有大国的支持和参与，区域性安全合作组织的影响力与功效将大打折扣，其发展也将变得举步维艰。第四，构建区域性安全合作机制，应首先形成符合本地区特色的区域安全合作观念，这对培育成员国的集体认同、提升组织影响力和扩大组织规模以及实现组织宗旨等都有着不可替代的作用。综合性、包容性与泛欧性是欧安组织区域安全合作观念的主要表现，这也使欧安组织能够建立起具有欧洲特色的综合性安全合作机制与模式。当然，这一区域安全合作观念是建立在各国协商一致，并将各方分歧降低到最低程度的基础之上的。

四 亚信会议与欧安会实现组织化的内外条件比较

从欧安会转变为欧安组织的历程来看，综合性的区域安全合作观念、开放式的解决突发事件的机制、在广泛讨论和协商基础上推进安全合作和解决问题的方式，以及冷战之后有利的国际环境是欧安会成功升级为欧安组织的关键因素。此外，欧安会各成员国对"欧安模式"的高度认同也是其成功转型的主要推动力。综上所述，本文认为在组织定位和发展方向方面，亚信会议与欧安组织有着较高的相似性与可比性。

---

[1] 陈须隆：《区域安全合作之道——欧安会/欧安组织的经验模式及其亚太相关性研究》，世界知识出版社，2013，第236页。

(一) 亚信会议与欧安会实现组织化的内部条件

首先,与欧安会不同,尽管亚信会议各成员国对亚信会议所倡导的区域安全合作观念有着较为一致的看法,但是始终缺乏明确的为绝大多数成员国所接受的共同价值观,而且各成员国在未来亚信会议的发展方向与定位上也有明显的分歧。相比较而言,欧安会各成员国基于历史上的地理联系所形成的共同的区域安全合作观念,为欧安会形成明确的组织定位与发展方向奠定了坚实的基础。成立伊始,欧安会就基于共同的价值观念,以合作安全的方式来实现全欧洲的安全、稳定、发展与繁荣。这一模式是通过各成员国协商一致达成共识并形成决议,进而制定各种规范来实现共同安全的,既增加了成员国之间的相互信任,也使各国对区域共同安全的认同大为提高,对缓解欧洲的安全困境有很大的助益,同时也为未来建构欧洲安全共同体夯实了思想基础。而亚信会议的价值观基础则极为脆弱,各成员国的差异性和面临的安全环境的复杂性远比欧安组织各成员国要大。历史上所形成的地理分布与文化差异,造成了一条条价值观鸿沟,使其很难形成统一的亚洲价值理念。再加上各国实际的安全需求千差万别,这就使亚信会议很难完全地按照协商一致的方式来达成共识,从而解决亚洲的安全问题。因此,亚信会议成员国的安全合作无法以价值观来维系,加之成员国对全球化时代安全问题外溢的影响认识有限,各国基本上采取本国安全利益最大化的立场参与亚信会议,这给亚信会议在议定共同的安全议题时带来极大困难,也间接导致安全议题的务实性不足。

其次,二者的共同之处在于,大国的认可和参与对于自身的发展而言是至关重要的。作为亚信会议成员国中首个担任轮值主席国的大国,中国的积极参与对亚信会议的发展意义重大。"借助中国,亚信会议的国际影响力会获得提升;借助亚信会议,中国在地区安全合作中的影响力与吸引力也会逐渐上升。"[1] 纵观亚信会议发展的各个阶段,中国始终积极参与其

---

[1] 强晓云:《从安全理念的演变看亚信会议框架下的安全合作》,《国际展望》2015年第4期,第49页。

中,并做了大量富有成效的工作。中国将亚信会议视为自身参与亚洲多边安全合作的象征和积极践行"亚洲新安全观"的重要平台。更为关键的是,对于中国而言,亚信会议在维护周边安全、落实"一带一路"远景规划、构建亚洲命运共同体等方面,都能发挥极其重要的作用。此外,必须强调的是,中国对亚信会议的最大贡献在于完善了亚信会议安全理念,中国提出的亚洲安全观已经成为亚信会议安全理念的核心内容。① 在2014年5月20~21日于上海召开的亚信会议第四次峰会上,中国国家主席习近平在主旨演讲中指出,"应该积极倡导共同、综合、合作、可持续的亚洲安全观,创新安全理念,搭建地区安全与合作新架构,努力走出一条共建、共享、共赢的亚洲安全之路"。② 这对亚信会议各成员国加深互信、凝聚共识、共同维护亚洲区域安全具有深远意义。还应看到,在美国"重返亚太"战略背景下,面对日益严峻的周边安全形势,"借助亚信会议,中国可以与西方进行国际组织间的对话;通过亚信会议,中国可以加强与亚洲各次区域的战略沟通,尤其是南亚、西亚、北非地区;支持亚信会议,有利于加强中国与哈萨克斯坦之间的双边全面战略伙伴关系"。③ 这对中国维护周边安全、稳定、繁荣的意义更加凸显。当前中国可以借助担任亚信会议轮值主席国的时机,发挥特殊作用,联络各方,推动亚信会议的内部建设。目前亚洲的安全合作远远落后于经济合作,建立符合各方利益的安全架构是必要的。正如习近平主席所指出的:"我们要坚持和发扬亚洲国家长期以来形成的相互尊重、协商一致、照顾各方舒适度的亚洲方式,加强地区各项安全机制协调,围绕彼此一致或相近目标逐步开展合作,形成合力,求得实效。在此基础上,可以逐步探讨构建符合亚洲特点的地区安全

---

① 强晓云:《从安全理念的演变看亚信会议框架下的安全合作》,《国际展望》2015年第4期,第50页。
② 《习近平:积极树立亚洲安全观 共创安全合作新局面》(2014年5月21日),中华人民共和国外交部网站,http://www.fmprc.gov.cn/web/ziliao_6749041/zyjh_674906/t1158070.shtml。
③ 强晓云:《从安全理念的演变看亚信会议框架下的安全合作》,《国际展望》2015年第4期,第49~50页。

合作新架构。"① 而这就需要从凝结亚洲共同、综合、合作、可持续的亚洲安全观入手,夯实安全合作框架的思想基础,加强成员国间的政治、经济、文化合作,完善合作机制和组织机构,集中力量解决区域内部问题。这不仅符合中国的利益诉求,也有利于亚信会议未来向国际组织转变。此外,也应当认识到,"新架构的建立必然是渐进的过程,应遵循协商一致、不干涉内政、照顾各方舒适度等原则,从具体功能性合作入手,使各方逐步积累相互信任"。② 与此同时,中国作为世界大国,应当注意加强与哈萨克斯坦、土耳其以及印度等具有地区影响力的中等强国的合作,这无疑将有助于鼓励各国共同参与亚信会议安全合作模式的构建。总之,中国对亚信会议的发展始终抱以积极的态度,无论是倡导亚洲新安全理念,还是推动构建亚洲安全新架构,对亚信会议的可持续发展都具有不可替代的积极作用。

最后,相较于欧安组织,地区中等强国在亚信会议中扮演着不可替代的角色。欧安会的出现是东西方两大对立集团妥协的产物,带有浓厚的大国政治博弈的背景。而亚信会议却是由地区中等强国发起成立的,并且中等强国始终是推动亚信会议向前发展的重要力量。例如,亚信会议的倡议发起国哈萨克斯坦,对推动亚信会议发展的态度始终是最积极的。哈萨克斯坦不仅重视亚信会议在打击"三股势力"、维护地区安全与稳定、加强亚洲各国间对话协商,以及推动政治、促进经济和人文等多领域合作方面的作用,更将亚信会议视为扩大其国际影响力、拓展其外交新领域的重要平台。哈萨克斯坦也是最早倡议推动亚信会议转型为国际组织的国家。③ 可以看出,亚信会议的建立为哈萨克斯坦这类中等国家提供了平衡大国关系、维护其国家利益和提升其国际话语权的舞台。此外,在国际体系转型

---

① 《习近平:凝聚共识 促进对话 共创亚洲和平与繁荣的美好未来》(2016 年 4 月 28 日),中华人民共和国外交部网站,http://www.fmprc.gov.cn/web/ziliao_674904/zyjh_674906/t1359235.shtml。
② 刘振民:《亚洲安全与中国的责任》,《国际问题研究》2014 年第 1 期,第 26 页。
③ 《亚信会议第五次外长会议宣言》(Declaration of the Fifth CICA Ministerial Meeting,2016 年 4 月 28 日),亚信会议官方网站,http://www.s-cica.org/admin/upload/files/YEAR2016/Adopted_declaration.doc。

的过程中，各大国在面临全球安全挑战时，由于缺乏战略互信往往难以合力应对，因而限制了其在主导亚信会议安全合作方面的作用。鉴于这种局面，哈萨克斯坦、土耳其等亚信会议核心国家积极利用自身在不同的地区性国际组织中的成员国身份，推动各大国参与亚信会议机制下的安全对话与合作。例如，哈萨克斯坦就利用其集体安全条约组织和上海合作组织的成员国身份，积极邀请中国和俄罗斯参与亚信会议，两大国也乐见其成。同时，土耳其也利用其北约成员国身份，邀请美、日等国以观察员国身份参加亚信会议，这就使原本缺少战略互信甚至是对立的大国有了交流意见、加深理解的平台，同时也加深了大国对亚信会议的认同，为亚信会议的发展注入了强大动力。但也应看到，哈萨克斯坦所处的中亚地区缺乏强有力的地区合作网络体系作为依托，导致"哈萨克斯坦或者中亚五国等相对弱小的行为体的制度权力受到较大局限，难以通过大国平衡来推进地区进程"。[①] 因此，亚信会议的发展需要大国与地区中等强国的共同努力。

（二）亚信会议与欧安会实现组织化的外部环境比较

冷战的缓和与终结为欧安会的转型升级提供了绝佳的机遇，而以美国为首的西方国家也趁苏东国家剧变的大好时机，大力向中东欧国家推广其政治价值观，迫使其适应业已变化的安全格局，并利用各成员国解决各种危机的要求日益增长的局面，促使欧安会各成员国在欧安会组织制度建设问题上达成一致，使欧安会成功转型为欧安组织。如果说外部环境对欧安会弥合各成员国间分歧、推动欧安组织制度化起到了积极作用，那么亚信会议所面临的国际环境对其发展来说则是严峻的。

亚信会议成立之初，其各成员国就面临着两极格局崩塌后纷乱的政治格局，尤其是中亚各国国内问题众多、经济发展困难重重，根本无力推动地区安全合作。而在亚信会议成立20多年后的今天，亚洲的战略态势发生了深刻变化。一方面，亚洲经济已经腾飞，逐渐成为世界新的最具活力的

[①] 魏玲：《小行为体与国际制度——亚信会议、东盟地区论坛与亚洲安全》，《世界经济与政治》2014年第5期，第94~95页。

经济区域和增长极；另一方面，亚洲的发展也承受着风云变幻的安全局势恶化的风险，一些地区热点问题极有可能恶化成波及整个区域的安全危机。这也使亚信会议在发挥促进区域安全合作的作用时面临很大的挑战。

首先，大国间的战略角力和不信任感加剧，增加了发生地缘冲突的风险，人为地将亚信会议各成员国分割为几个矛盾的阵营，难以形成良好的合作局面。随着中国经济的崛起和综合国力的不断增强，已在亚太地区维持了一个世纪霸主地位的美国，主观地将中国视为区内最大的潜在挑战者，在中国周边制造问题，使中美矛盾被主观地放大。从2011年奥巴马政府高调宣布"亚太再平衡"战略以来，美国已将其55%的海军舰船调往太平洋舰队，预计在2019年之前，这一比例会增加到60%。[1] 此外，美国还不断强化美日同盟，拉拢东南亚国家参与美国的安保体系，并准备在韩国部署萨德反导系统，形成全面"围堵"中国的战略态势。这必然会引起中国的警惕和反制，加剧地区局势的紧张，让原本可以进行的地区安全合作成为空谈。更有甚者，日本将美国的"亚太再平衡"战略视为其借帆出海的机遇，渲染"中国威胁论"，借机扩展其防卫力量，推动修宪扩军，并成功解禁集体自卫权，在钓鱼岛问题上坚持强硬立场，强化与中国的安全对抗措施。[2] 这一系列举措使本就存在于中日两国间的历史问题和领土主权争端被无限放大，激发两国的民族主义情绪，增加了爆发地区冲突的风险，同时也让本可以以区域一体化和建设性合作来共同推动亚洲和平与发展的模式无从谈起。

其次，亚信会议在外部环境上面临的另一个重大挑战是区域内其他安全组织的抵触以及相互间的竞争。在东北亚地区，美国主导的美日韩同盟通过构筑同盟体系，以集体安全的形式应对地区安全挑战。在东南亚地区，东盟是占主导的安全合作体系。在南亚地区，印度自视为地区霸主，

---

[1] Michael McDevitt, "Critical Military Issues: The Rebalancing Strategy and Naval Operations," NEW APPROACH TO SECURITY IN NORTHEAST ASIA: BREAKING THE GRIDLOCK WORKSHOP, Washington, D. C., Oct., 9 – 10, 2012.

[2] 姜志达:《亚洲新安全观及其秩序意涵：规范的视角》,《和平与发展》2014年第5期，第3页。

不容许其他国家威胁其主导权，事实上形成了自己主导的安全体系。在中亚地区，尽管"上合组织是中国参与的唯一一个多边安全机制"，① 但也有与美、俄进行大国博弈、争夺区域领导权的无奈。此外，美欧主导的北约、欧安组织等也与亚信会议成员国有交集，尤其是在基础设施建设、能源开发和文化渗透等方面也表现得日益活跃。从总体上看，这些组织都在各自所在的区域内发挥着一定的促进安全合作的作用，但是，由于各个次区域间安全利益与需求的多样性，这些组织在应对跨区域威胁时难以进行协调，相互间更不愿意提供公共产品、承担合作成本，彼此还可能产生竞争。甚至有些国家妄图创造一个言辞上的"亚太超级地区"，把美国"系"在亚洲，② 在区内玩大国制衡的把戏，这无疑将威胁到整个亚洲的和平、繁荣与稳定。总体而言，相对于亚信会议的广泛代表性与包容性，这些次区域组织更看重本组织所属地区的安全利益，这在很大程度上降低了各国对亚信会议的参与热情，有的甚至抱有"抵触情绪"。因此，面对区域内其他国际组织的竞争，亚信会议有必要加强与其他国际组织的对话协作，通过合作互助构建亚洲安全体系。

最后，亚洲区域广大，这里汇集了世界上最多样的民族、宗教、文明，同时也造就了安全局势最为复杂多变的世界板块。在亚洲，无论是经济发展水平较高的东亚，还是拥有巨大能源的西亚、中亚，都面临近乎相同的挑战："既存在着冷战时期形成的安全和军事上的结盟与分裂，也存在着二战和冷战遗留的领土与海洋权益等方面的问题，同时还面临多种非传统安全威胁。"③ 这种复杂局面也是成员国大多是欧洲国家的欧安会/欧安组织在其发展历程中所未曾面对过的。但我们也应该有这样的意识："如果一个国家想在国际组织中获得更大的利益，它也会遵守组织原则，

---

① 陈小鼎、王亚琪：《东盟扩员对上海合作组织的启示与借鉴——兼论上海合作组织扩员的前景》，《当代亚太》2013年第2期，第117页。
② 〔英〕巴里·布赞、〔丹〕奥利·维夫：《地区安全复合体与国际安全结构》，潘忠岐、孙霞、胡勇、郑力译，上海世纪出版集团，2010，第165页。
③ 强晓云：《从安全理念的演变看亚信会议框架下的安全合作》，《国际展望》2015年第4期，第39页。

对自身的政策进行调整。"① 因此，亚信会议必须发挥协调各方安全关切的作用，在共同安全观念的基础上加深成员国对亚信会议的认同，推动安全合作机制建设，以应对日益严峻的安全威胁。

总之，较之欧安组织，亚信会议虽然在区域安全合作观念上与前者有较强的相似性，但亚信会议所面临的内外发展条件比欧安组织更加不利。因此，如何规划未来发展方向与合作模式，为亚信会议的发展营造更为有利的内外条件，成为亚信会议各成员国特别是作为亚信会议现任轮值主席国的中国所亟待研究与解决的问题。

五 亚信会议未来实现组织化的前景探析

当前，亚信会议要实现组织化还面临着相对不利的内外条件，现阶段亚信会议升级为国际安全合作组织的条件尚不完善，但这并不表明亚信会议永无发展为国际组织的可能。恰恰相反，正如欧安会转型升级为欧安组织的过程一样，组织化是亚信会议发展的必然趋势。在2016年4月亚信会议第五次外长会议上，哈萨克斯坦已提出在亚信会议基础上通过协商一致建立一个国际组织的倡议，② 亚信会议各成员国也对这一倡议持欢迎的态度。因此，作为亚信会议核心国家，特别是作为亚信会议最大的成员国，中国有必要未雨绸缪，深入研究亚信会议的发展前景。

（一）亚信会议实现组织化的必要条件

作为一个就地区安全问题进行对话与磋商的多国论坛，③ 亚信会议实

---

① Mark Beeson and Fujian Li, *China's Regional Relations: Evolving Foreign Policy Dynamics*, London: Lynne Riennner Publishers, 2014, p. 20.
② 《亚信会议第五次外长会议宣言》(*Declaration of the CICA Fifth Ministerial Meeting*, 2016年4月28日)，亚信会议官方网站，http://www.s-cica.org/admin/upload/files/YEAR2016/Adopted_declaration.doc。
③ 曹群：《"亚信会议与中国周边外交"研讨会综述》，《国际问题研究》2014年第2期，第139页。

现组织化有其必要性。2004年10月召开的阿拉木图亚信会议第二次外长会议，批准了《亚信会议信任措施目录》。该目录列举了五大关键领域，包括应对新挑战和新威胁，以及经济、生态、人文和军事政治问题。考虑到亚洲成员国之间的差异和实际情况，亚信会议决定先从应对新挑战和新威胁入手，在经济、生态和人文领域落实信任措施，继而营造成员国之间的友好氛围，加强成员国之间的相互关系，最终形成军事政治领域的信任措施。① 由此可见，亚信会议框架内的信任措施已经开始落实。但也应认识到，完善安全合作机制和实现组织化的意义在于，通过一套完善的制度措施凝合各个成员国的力量，扩大组织影响，有效发挥维护地区安全的作用，更好地实现亚信会议的理念与宗旨，即组织化的目标应是避免亚信会议成为清谈空论的会场，增进各国间的务实合作，强化自身行动力，使其更好地服务于亚洲的和平、稳定与发展。还有就是，"亚信会议有必要以亚洲新安全观作为维系安全合作的核心认同"，② 只有在各成员国共同认同的情况下，多边安全合作模式才可能有效运作。对照欧安组织的发展经验，亚信会议事实上缺乏共同的价值观与良好的国际环境，这就使各成员国在亚信会议组织化问题上难以协调立场，形成共识。如果成员国间的分歧不能得到有效的弥合，亚信会议不但难以转型升级为国际组织，最终还会沦为没有公信力的"清谈会场"。因此，凝聚共识与有序推进合作机制的完善是亚信会议未来转型为国际组织的基本方针，而进一步强化核心认同、营造良好的国际环境则是亚信会议实现组织化的必由之路。此外，亚信会议还应深刻地把握实现组织化的条件和时机，协调各成员国立场，防止各方因利益差别而产生矛盾，进而影响亚信会议的可持续发展。

纵观亚信会议的发展历程，轮值主席国与核心国家往往能在推进各项安全合作与加强成员国间的沟通和配合方面发挥特殊作用。要构建安全合

---

① 《亚信会议信任措施目录》（*CICA Catalogue of Confidence Building Measures*，2004年10月22日），亚信会议官方网站，http://www.s-cica.org/admin/upload/files/CICA_CATALOGUE_(2004)_-_eng.doc。
② 强晓云：《从安全理念的演变看亚信会议框架下的安全合作》，《国际展望》2015年第4期，第52页。

作机制，实现未来亚信会议的组织化，轮值主席国首先要与核心国家如哈萨克斯坦、土耳其等进行战略沟通，协调双方的立场。而双方要想在亚信会议的发展方向上达成一致，就必须以亚信会议各成员国已达成的基本共识作为基础。当前，中国作为亚信会议轮值主席国，在完善安全合作理念、促进成员国间的信任与协作、维护地区安全稳定方面已经发挥了积极的作用。此外，以哈萨克斯坦、土耳其等国家为代表的亚信会议核心国家在亚信会议的发展方向和完善安全合作机制上与中国的立场较为相近，即强调巩固并加强亚信会议在维护亚洲和平、稳定与可持续发展，应对地区非传统安全挑战和促进成员国之间经济、文化以及生态环境合作方面的作用；在具体的实行过程中都主张"通过合作安全的实践来推动地区以合作行动促共同安全、建构地区安全合作规范、培育合作习惯，通过塑造成员的战略选择来塑造安全合作架构和地区结构"。① 这样就形成了以中国为轮值主席国发挥引领作用，哈萨克斯坦、土耳其等有地区影响力的中等强国积极响应和协同参与的局面，对提升亚信会议机制能力建设、凝聚成员国共识、加强亚信安全合作的务实性具有重要的现实意义。

综上考虑，在当前阶段，亚信会议仍应以完善制度和强化成员国间的安全合作为重点，这是亚信会议发展的基础。在推动各国对"亚洲新安全观"的认同上，需要充分考虑各成员国的实际利益，回应其安全关切，争取在成员国中引起共鸣。还应该认识到，亚信会议框架下的安全合作是多方面的，不仅包含应对现实的安全威胁与挑战，还包含经贸合作与人文交流。尤其是经贸合作，它能够为各国带来实际收益，通过改善成员国人民的生活水平，逐渐加深成员国的经济联系和集体认同，为未来亚信会议实现组织化打下坚实的基础。正如2016年4月28日在北京举办的亚信会议第五次外长会议发表的共同声明所言："各国一致认为亚信会议在推进成员国紧密合作、增进人文对话交流等方面发挥了关键的作用，承诺将继续通过建构和执行亚信的信任措施与安全合作机制为亚洲的和平、安全、稳

---

① 魏玲：《小行为体与国际制度——亚信会议、东盟地区论坛与亚洲安全》，《世界经济与政治》2014年第5期，第97页。

定和可持续发展做出贡献。"① 这反映出各成员国对亚信会议工作的肯定，并在亚信会议的定位与发展方向上达成了共识，而这些共识的形成也是亚信会议迈向组织化的第一步。

在亚信会议实现组织化的外部环境方面，面对亚洲大国地缘政治博弈频繁的复杂局面，如何发挥好协调大国关系、弱化大国对抗风险的作用，已成为亚信会议的一项重要议题。亚信会议成员国中包括中、俄两个大国，观察员国中也有美、日两个大国，这些大国在应对全球挑战方面有共同的需求，但彼此间的战略意图又不尽相同。中俄两国是战略协作伙伴关系，又同为联合国安理会常任理事国，近年来两国战略互信不断增强，并在重大国际问题上有着良好的沟通与合作，这对维护地区安全和推进亚信会议多边合作机制建设产生了有益的影响。与之相对，美日同盟是亚洲地区实力最强的军事联盟，两国都对亚洲新兴大国的崛起保持着一定的警惕性，并且有很强的冷战对抗思维，在亚太地区积极寻找盟友，拼凑军事联盟。在此种形势下，中俄两国已经切实感受到美国主导的亚洲军事联盟所带来的安全压力，两国也大有联合反制美日的趋势。这种大国间的战略不信任势必会加剧亚洲地区国家间关系的紧张，给亚洲的稳定和发展带来不确定性。要消除大国间的战略不信任，就必须客观理性地看待彼此的战略意图，抛弃冷战思维，相互尊重对方的利益与关切。要使美国充分认识到，冷战对抗的时代已经一去不返，合作才是维护亚太稳定、应对安全挑战的根本之策，从而回到对话协商的轨道。只有大国坚持以对话协商的方式解决分歧，亚信会议才能完善其安全合作机制，在未来升级为国际组织，这也符合亚洲会议全体成员国的共同利益。反过来，亚信会议安全合作机制的完善，也对消弭大国间的不信任感和加深大国间合作的深度、广度有着不可忽视的促进作用。

另一方面，为亚信会议组织化营造有利的外部环境，还需要拓展亚信会议与其他亚洲次区域安全合作组织的关系。由于在地理范围、成员国构

---

① 《亚信会议第五次外长会议宣言》（*Declaration of the CICA Fifth Ministerial Meeting*, 2016 年 4 月 28 日），亚信会议官方网站，http://www.s-cica.org/admin/upload/files/YEAR2016/Adopted_declaration.doc。

成和功能上,亚信会议与其他安全合作组织有着很大的重合,因此在一定情况下还会存在一定的竞争关系,但不应被视为彼此间的势力范围之争。从一定意义上说,亚信会议就是亚洲各国在从意识形态到实际利益千差万别的情况下寻求沟通与合作、解决公共关心问题的产物。所以,亚信会议与其他次区域安全合作组织同样可以在合作关系的框架下分工协作,解决地区性安全问题。亚信会议在2014年发表的《亚洲相互协作与信任措施会议第四次峰会上海宣言》中,就强调了有必要鼓励亚信会议与其他地区、国际组织和论坛建立与促进合作关系,从而加强亚洲各地区组织和论坛间的合作。① 这也说明各国在亚信会议发展与其他安全组织的关系方面达成了一致。

综上所述,以欧安组织为鉴,为成功实现自身的组织化,亚信会议有必要进一步凝聚共识,有序推进安全合作机制建设,营造良好的发展环境。这一系列内外准备都要以亚信会议各成员国间的坦诚沟通与合作为基础,且必须以当前作为轮值主席国的中国与核心国家的紧密协作为必要条件。唯有如此,各成员国才能在亚信会议实现组织化的过程中形成最为广泛的共识,为亚信会议转型为国际组织奠定基础。

(二)亚信会议组织化发展路径初探

根据亚信会议成员国关于未来亚信会议发展方向与定位的已有共识,本文认为,目前亚信会议实现组织化的基本路径应基于三个基本方面:第一,推动"共同、综合、合作与可持续的亚洲新安全观"作为加强各国安全合作的共识;第二,发挥中国在担任亚信会议轮值主席国期间的引领作用,加强成员国特别是核心成员国的凝聚力,发挥协同作用,提供区域安全公共产品;第三,整合成员国关心的安全议题,形成共同的、首要的安全议题,确定安全合作的优先次序,确保各项多边信任措施落到实处,增

---

① 《亚洲相互协作与信任措施会议第四次峰会上海宣言》(2014年5月21日),中华人民共和国外交部网站,http://www.fmprc.gov.cn/web/gjhdq_676201/gjhdqzz_681964/yzxhhy_683118/zywj_683130/t1158307.shtml。

进务实合作。结合以上三个基本方面，本文将对亚信会议组织化发展路径进行初步探析。

首先，凝聚亚信会议各成员"共同安全"的利益共识，尽早形成符合各成员国利益诉求的"亚洲综合安全观"。尽管中国已经提出了"共同、综合、合作与可持续的亚洲新安全观"，为亚信会议各成员国凝聚共识和加强认同创造了一定的有利条件，但是由于对安全威胁的侧重不同，各成员国对"亚洲新安全观"依然存疑。中小国家很大程度上采取实用主义的态度参与亚信会议安全合作进程，忽视区域安全合作观念，这制约了亚信会议的制度整合能力。应使各国认识到亚信会议本身就是一种区域公共产品，而不是一个国家意愿的产物，需要成员国协同建设，发挥其作用。因此，亚信会议有必要积极推动成员国形成统一的安全合作观念，利用已有的各种级别的会晤机制，努力促进达成"共同安全"的共识。[①] 可考虑用成员国安全合作协议文件的形式来固定"亚洲新安全观"的内涵。例如，亚信会议可尝试提出"亚洲安全合作观念构想"，以此来凝聚各成员国的安全合作共识。

其次，实现亚信会议各项议程的制度化，加强亚信会议的领导力与权威性。首脑会议是在最高层面确定亚信会议的各项事务，其所发表的声明和决议具有广泛的代表性，因此有必要形成固定的会期制度。亚信会议可仿效欧安组织的会议模式，将现在每四年一次的首脑会议改为每两年一次，以此加强各成员国首脑间的交流，提高各国对亚信会议的重视程度。另外，还应强化轮值主席国的作用，轮值主席国应全面负责亚信会议的行政活动和组织协调，并向首脑会议提交安全议题供成员国讨论，必要时可代表亚信会议直接处理危机与冲突。由于当前缺乏有效的负责制度，亚信会议在处理危机时往往行动迟缓，强化轮值主席国制度可以有效提升亚信会议的行动效率，增强亚信会议的权威性。

还有，设立亚信会议外长理事会，每半年举行一次会议。这样就可以

[①] 李新：《亚洲相互协作与信任措施会议（亚信会议）：回顾与前瞻》（2013年10月），上海国际问题研究院网站，http://www.siis.org.cn/uploadfile/2014/0116/20140116020238650.pdf。

有效了解、理解各方对当前发生的安全威胁的不同侧重,交换信息,努力寻找共通点,促进合作。此外,还可以筹办高级官员委员会会议,就专门问题进行磋商,提高亚信会议运转效率,维护亚洲的持久和平与繁荣。

再次,加强秘书处制度建设,提高其运作效率。目前亚信会议秘书处设立在哈萨克斯坦最大城市阿拉木图,已有效运作10年,《亚信会议秘书处协定》也于2016年5月13日正式生效,亚信会议的常设机构建设已步入正轨,但秘书处所能发挥的作用仍然有限。未来亚信会议秘书处可尝试扩展新的职能,例如,"防止机制议题设置的随意性和重复性,提前预防、及时发现、适时解决机制内部、机制间的各种分歧和矛盾"。[①] 还应注意将秘书处的职能制度化,形成一个负责就与亚洲安全有关的问题进行政治磋商和决策制定的固定机构,同时管理亚信会议的日常事务。可参照联合国秘书长制度,以秘书长作为亚信会议的最高行政首长,全面负责亚信会议的日常行政事务,并定期向首脑会议做工作报告。

最后,完善和充实已有的安全合作机制。第一,可参考欧安组织的经验,建立军事危机处理机制,以应对各种地区安全问题和突发事件;设立成员国武官协调小组,沟通情报,协调行动,合力应对安全挑战。第二,建立和平解决争端机制,筹划建设专门机构处理成员国内部或地区内发生的争端,做到沟通各方,形成草案,促使事件和平解决。第三,完善组织内部法律机制建设。签署覆盖所有亚信会议成员国的安全合作协议,及时补充和完善亚信会议内部合作的文件,为消除安全威胁、开展合作、进行信息共享构建完备的法律体系。可通过设立调解与仲裁法院来处理成员国提交的争端,提升亚信会议的公信力。第四,尽速筹划政治协调机制,特别是大国协调机制。应当承认,大国关系在很大程度上决定着亚洲的安全走势。塑造符合时代需求的、新型的、良好的大国关系,是实现亚洲安全治理的重中之重。[②] 第五,注重亚信会议决策程序

[①] 李新:《亚洲相互协作与信任措施会议(亚信会议):回顾与前瞻》(2013年10月),上海国际问题研究院网站,http://www.siis.org.cn/uploadfile/2014/0116/20140116020238650.pdf。

[②] 李新:《亚洲相互协作与信任措施会议(亚信会议):回顾与前瞻》(2013年10月),上海国际问题研究院网站,http://www.siis.org.cn/uploadfile/2014/0116/20140116020238650.pdf。

的完善。以峰会声明确定亚信会议的政治方向；依靠外长会议做出与政治方向相对应的决策；通过秘书处协调各方立场和监督政策执行情况。此外，还应注意构建与经济、金融、社会以及生态安全和环境保护相关的处理机制。

六　结论

亚信会议经过 20 多年的发展，在增进成员国相互了解与信任、促进亚洲的安全稳定等方面的作用卓有成效。但同时也应认识到，由于各国文明和发展程度存在差异，短期内实现亚信会议安全机制的制度化还存在较大的困难，对这些困难应该通盘考虑，而当前实现组织化的内外条件尚不完全成熟，如果仓促启动制度化进程，则势必遭遇挫折。欧安组织的发展历程表明，共同的安全共识、合理的制度安排和有利的国际环境是实现组织化必不可少的条件。目前，亚信会议在这三个方面的条件都有所不足，这也意味着马上实现亚信会议的组织化不切实际，但是也应该未雨绸缪。当下，亚信会议各成员国应该利用亚信会议已有的各级别会晤机制，努力促进"共同安全"的共识，积极构建区域安全合作的完整机制。亚信会议应就实现组织化制订合理的发展规划，尤其是中国应利用当前担任亚信会议轮值主席国的有利时期，承担起大国的历史担当，提供更为广泛的公共产品，推动各国开展富有成效的合作，培育各国对亚信会议的制度认同，逐渐拓宽亚信会议的合作领域，以开拓进取的精神为构建亚信会议安全合作机制添砖加瓦，努力使亚信会议成为构建亚洲安全合作机制的重要平台。另外，还应注意借鉴同类型组织的发展经验，不能操之过急，应根据自身所制定的具体的发展步骤，逐次解决组织化进程中的问题，这将为亚信会议今后的发展打下基础，最终也将有利于亚信会议成功转型升级为国际组织。

"瓦济里斯坦－费尔干纳"地区恐怖主义特点及中国反恐情报保障策略

陈 明

（1. 中国人民解放军国际关系学院三系 江苏 南京，210039；

2. 中国人民武装警察部队警官学院管理科学与

工程系 四川 成都，610213）

【摘 要】 恐怖主义已不再是某一国所面临的安全问题，而是世界性安全问题。跨境反恐是由被动反恐向积极反恐的重大转变，是国家与国家之间的一场较量。"瓦济里斯坦－费尔干纳"地区恐怖主义对中国的安全威胁是最直接的，也是全方位的，应予以重点关注。中国境外反恐情报保障机制面临诸多难题，已经影响到其功能的发挥。对此，应以"一带一路"为牵引，打造反恐情报保障的命运共同体；以《联合国全面反恐公约》为基础，构建反恐情报保障的行为准则；以社会文化融合为支撑，助推反恐情报体系全域覆盖；迈出网络反恐的实质性步伐，破解制约反恐情报保障的体制性障碍。

【关 键 词】 瓦济里斯坦－费尔干纳；跨境反恐；情报保障机制

【作者简介】 陈明，中国人民武装警察部队警官学院讲师，中国人民解放军国际关系学院博士研究生，主要研究方向：反恐怖。

"瓦济里斯坦-费尔干纳"地区恐怖主义特点及中国反恐情报保障策略

当前，中国利益已遍及全球大多数国家和地区，中国遭受恐怖袭击的风险也越来越高。据不完全统计，中国驻土耳其、美国、德国、荷兰、日本、澳大利亚、瑞典、挪威等国大使馆、总领事馆先后遭到恐怖分子的冲闯、袭击，在阿富汗、巴基斯坦的中国工人、工程技术人员的生命安全也面临严重威胁。特别是2016年以来，先后发生了中国驻马里维和人员遭遇恐怖袭击[1]，驻吉尔吉斯斯坦使馆遭遇汽车炸弹袭击等几起恶性恐怖案件。[2] 这一系列恐怖袭击案件有力地证明了中国政府及公民在海外正面临着越来越多的恐怖袭击。事实上，恐怖主义已成为影响中国国家安全的一个重要因素，虽没有发展到与政府分庭抗礼的地步，但是已经难以从根本上将其铲除；虽没有大规模扩散，但是已经形成了相对完整的叙事架构、组织形态和行为模式。每一次反恐行动，无不以政治、经济、军事、司法等多种手段的综合运用为保障，受到决策高层及至全国的关注。对此，中国于2015年底在《中华人民共和国国家安全法》的基础上正式颁发《中华人民共和国反恐怖主义法》，将境外反恐作为维护国家安全战略的重要组成部分。国家战略的实施，不仅要有与之对应的资源调动力，更需要确保其实施过程中的绝对安全。可以说，将境外反恐合法化是中国内外两个环境综合作用的结果，是综合国力发展的必然。跨境反恐对于中国来说是一项全新的任务，将面临更加复杂的行动环境，需要调动更多的资源。纵观学界对此问题的研究，并没有深入且较系统的论述，只是很宏观地提出了一些观点。相比于境外反恐的重要性而言，这些理论积累明显不足。

"瓦济里斯坦-费尔干纳"地区贯通中亚、南亚两大区域，中国与该区域的哈萨克斯坦、吉尔吉斯斯坦、塔吉克斯坦、阿富汗、巴基斯坦等几个国家有漫长的边境线。该区域聚集着"伊斯兰国"（IS）、"基地"组织等国际恐怖主义以及"乌伊运"、"东伊运"、塔利班、"伊斯兰圣战运动"等区域性恐怖组织，它们在该区域的不同国家间来回逃窜，已经使该区域

---

[1] 2016年6月01日凌晨，联合国驻马里多层面综合稳定特派团营地的维和部队遭遇袭击，造成重大伤亡，其中中国维和人员1人牺牲，4人受伤。
[2] 2016年8月30日，据吉尔吉斯斯坦称，当地时间30日早晨，一辆携带炸弹的汽车冲进中国驻吉尔吉斯斯坦大使馆，并在馆内发生爆炸，造成至少一人死亡、两人受伤。

成为世界范围内恐怖主义最猖獗的地区之一。据不完全统计，目前仅印度境内活跃的恐怖极端组织就有近40个，巴基斯坦则多达50个，其中绝大多数为跨境组织。盘根错节的恐怖组织在近期呈现出新的特点，即一股由IS主导的恐怖主义已经开始由阿富汗向费尔干纳地区回流，对中亚、南亚、东南亚乃至全球安全构成了严重威胁。活跃在中国的"东突"① 与IS有着千丝万缕的联系，对其打击需要调动更多的国家资源，也将面临更多的挑战。其中，反恐情报需求尤为突出。因此，以"瓦济里斯坦－费尔干纳"地区恐怖主义切入点，分析中国跨境反恐情报保障问题具有重要的代表意义和现实意义。

一 "瓦济里斯坦－费尔干纳"地区恐怖主义对中国战略利益的危害

瓦济里斯坦和费尔干纳分别地处南亚和中亚，有着极为重要的战略位置，是当今世界恐怖主义最为猖獗的地区之一。随着中国民族复兴战略的逐步推进，该地区对中国的战略意义越来越重要，但带来的挑战也越来越多。严峻的威胁不仅集中在经济、能源、交通等领域，还表现在意识形态领域；不仅威胁某一地区的社会稳定，而且也对国家的长治久安和领土完整提出了挑战。

（一）"瓦济里斯坦－费尔干纳"地区恐怖主义得以存在的条件

"瓦济里斯坦－费尔干纳"地区历来战乱频繁，人民生活水平低下；多元文化交汇，矛盾冲突多发；多国角逐激烈，地缘政治复杂。复杂的地理和社会环境使两个地区的恐怖主义得以滋生和蔓延，并最终促成"瓦济里斯坦－费尔干纳"地区恐怖主义的形成。

---

① 2003年12月15日，中国公安部公布第一批认定的"东突"组织名单："东突厥斯坦伊斯兰运动""东突厥斯坦解放组织""世界维吾尔青年代表大会""东突厥斯坦新闻信息中心"。

"瓦济里斯坦－费尔干纳"地区恐怖主义特点及中国反恐情报保障策略

首先,重要的战略位置使该区域成为恐怖主义的藏身之地。处于中亚的费尔干纳盆地是乌兹别克斯坦、塔吉克斯坦和吉尔吉斯斯坦三国的交汇地,是中亚人口最稠密的地区之一,适宜多种农作物的生长,具有良好的自然条件,在中亚政治与社会文化的一体化进程中发挥了不可忽视的作用。① 费尔干纳谷地的纳曼干、安集延、苦盏和奥什等大城市曾经是中亚伊斯兰教中心,自古就以独立于官方的大神学而闻名于世。但由于受到以上三国薄弱的经济基础,在跨境民族、领土、资源等方面的矛盾和冲突,以及多种文明交汇融合等因素的影响,目前该地区还处于动荡之中。有学者中肯地指出:费尔干纳盆地在当今是独一无二的历史文化现象,一方面,它存在一体化的可能,也就是建立起某种地区合作和发展模式;另一方面,在学者和分析家眼中,它又是潜在的分裂国家的冲突带。② 瓦济里斯坦相比于费尔干纳盆地虽无较好的自然条件,但是处于阿富汗和巴基斯坦的边境地区,与巴基斯坦西北边境的其他五个部落一起被称作"联邦部落地区",跨境民族众多,宗教特色浓厚,拥有自己的武装,享有高度的自治权。也正是由于上述复杂性,该地区将中亚和南亚诸国紧密地联系起来。20世纪90年代,美、苏主导下的两级世界格局虽然被打破,但是以阿富汗为博弈场的阿富汗战争带来的一系列问题并没有因此得到解决,后来发展为滋生恐怖主义的温床。例如,美国为对抗苏联入侵阿富汗,在巴阿边境建立了大量的训练营和伊斯兰经文学校,据一位曾受命在阿富汗执行任务的英军特种兵回忆说:"阿富汗的圣战——杰哈德,吸引了世界各地的志愿者,他们全都受到了军事训练和原教旨主义的教化。"最为可怕的是,其中的部分人已经成为当今最令人头痛的恐怖势力,因为"像奥萨马·本·拉登这样的恐怖人物,都是得益于美国中情局的训练计划而练就了一身的本领"。苏联解体后,费尔干纳盆地的中亚国家也迅速分裂,新成立的国家之间至今还存在诸多方面的矛盾。在上述复杂的背景之下,以伊斯兰极端主义为核心思想的各类恐怖组织、反政府武装力量迅速发展,并

---

① 许依娜:《中亚宗教激进组织概况》,《国际资料信息》2006年第8期,第29~31页。
② 米尔萨伊特夫:《费尔干纳盆地:政治伊斯兰的特点》,胡红萍译,新疆社会科学院中亚研究所编《国外中亚要论》第1辑,2009,第178页。

向中东、南亚及中国新疆地区蔓延。进入21世纪，美国主导的阿富汗战争又一次使该地区陷入更为混乱的局面，并孕育出更为复杂的恐怖主义。

其次，以伊斯兰复兴运动为起点的国家间博弈使地缘政治扑朔迷离。二战后，两极争霸的世界格局使阿拉伯-伊斯兰世界的民众逐渐认识到，美、苏之间的争霸并不会给自己带来真正的和平，只会使他们的家园更加混乱。出于对美、苏的失望，伊斯兰世界企图从《古兰经》中寻求出路，因此相应的，伊斯兰复兴运动也逐渐展开。所谓伊斯兰复兴，是指伊斯兰意识形态中的一种固有的特征和传统。① 冷战结束后，伊斯兰复兴运动在新的世界秩序重构的过程中迅速展开。伊斯兰复兴运动的迅速展开，得益于两方面的原因。一方面，从苏联阵营中独立出来的塔吉克斯坦、吉尔吉斯斯坦等虽然取得了主权的独立，但也出现了信仰危机，基于已有的历史、文化和民族传统，伊斯兰教成为各国的必然选择，正如前乌兹别克斯坦总统卡里莫夫所指出的那样，"宗教能增强人们的信念，净化和美化他们的心灵，给予他们经受社会考验，解决和克服苦难的力量，而有时是保护全人类精神财富的唯一形式"。② 另一方面，部分伊斯兰国家的独立为其他尚未独立的伊斯兰国家起到了示范作用，坚信伊斯兰教是建立政权的基础，特别是塔吉克斯坦伊斯兰复兴组织取得合法地位后，这一趋势显得更加不可逆转。但与此同时，也产生了伊斯兰极端主义与伊斯兰激进组织。伊斯兰极端主义排斥其他的宗教存在，以建立"纯正的伊斯兰政权"为目标。在此思想的引导下，"正义""忏悔""哈里发拥护者""伊扎布特""基地"等一批伊斯兰激进组织应运而生。这些伊斯兰激进组织虽有统一的战略目标，但是相互之间缺乏统一的协调机构；虽在总体策略上采取推翻当地政权、建立伊斯兰政府的统一策略，但是在实际行动中将对方当作伊斯兰领导权的竞争者和对手，如"伊扎布特"以"在穆斯林中的宣传工作"为主，即通过宣传、资金收买、群众舆论和动员来达到目的，而"东突"则以"少数人的圣战"为思想基础。由此引发的战乱和教派冲突持续

---

① 金宜久：《当代伊斯兰问题》，民族出版社，2008，第25页。
② 闫文虎：《当代伊斯兰复兴运动与中国国家安全研究》，博士学位论文，西北大学，2006，第23页。

"瓦济里斯坦-费尔干纳"地区恐怖主义特点及中国反恐情报保障策略

至今。特别是在"9·11"事件后,美国的强势介入在使阿富汗塔利班政权土崩瓦解的同时,也展开了与俄罗斯在该地区的又一次战略博弈,使地缘政治局势变得更加复杂难判。

再次,复杂的地缘政治为恐怖主义提供了生存的空间。伊斯兰极端主义要求将伊斯兰教义传播之下的世界作为其统治的目标,与特定的民族问题相联系,具有深厚的社会基础和完善的理论架构,以认识上的"二元论"、行为上的暴力性为基本特征。中亚、南亚各国政府对伊斯兰极端主义虽有打击,但受制于各自国情与战略诉求的不同,并不能根除其生存土壤。具体来讲,中亚国家在苏联时期由于多年奉行无神论思想,伊斯兰教的发展受到一定的限制,因此,独立后伊斯兰教虽有传播,但是还处于政府控制范围。但处于南亚的阿富汗、巴基斯坦等国与伊斯兰极端势力有密切的联系,无法对其采取致命的打击。上述情形使伊斯兰极端势力可以在该区域内来回逃窜,难以从根本上加以铲除。美国、俄罗斯、印度等国家在该地区具有较强的影响力,域外大国都是以是否合乎自身的利益为根本标准来介入区域斗争,抱有不同的目的,在一定程度上造成了伊斯兰极端主义的泛滥。例如,针对驻阿富汗安全治理问题,美国与印度、巴基斯坦、阿富汗政府希望通过和解来保证局势的稳定,但是印度、巴基斯坦从自身利益出发,无法达成共识,而阿富汗塔利班则以建立由其掌控的"伊斯兰酋长国"为目标,采取与美军边打边谈的策略。在混乱的局势下,IS迅速实现了从伊拉克、叙利亚向该地区的战略转移,目前阿富汗已成为IS向中亚输出恐怖主义的前线。①

最后,"基地"、IS等国际恐怖主义组织具有本质的一致性,其内部斗争将织成更复杂的恐怖主义网络。"基地"、IS是当前国际社会公认的最为强大的两大恐怖组织,其实力随着国际局势的发展此消彼长。以美国为首的多国部队虽然推翻了塔利班政权,并捕杀了包括本·拉登在内的多名"基地"组织高层领导,但不容否认的一个事实是,"基地"组织并没有从

---

① 甘露、韩隽:《"IS"国在中、南亚:差异与前景》,《西北民族研究》2016年第3期,第214~223页。

根本上被消灭，而是经过内部的重组后迅速向北非、东南亚、中东等地区扩散。与此同时，"基地"组织的伊拉克分支在吸收了前伊拉克军队的部分力量后迅速崛起，发展为IS，并向瓦济里斯坦等地区迅速渗透。IS转入阿富汗后，与塔利班、"基地"组织在该地区争夺恐怖资源，甚至发生冲突。例如，2014年7月11日，在阿巴交界的北瓦济里斯坦地区，塔利班的一些青年军官对IS表现出狂热的追捧，并就加入该组织进行了激辩。①在巴基斯坦，至2014年底，IS已从巴境内招募了大约1.2万人。② 与"基地"组织有密切联系的阿富汗塔利班为保持在该地区的影响力，就军事打击IS给予阿富汗政府一定的帮助。例如，在空袭二号人物拉乌夫的军事行动中，阿富汗塔利班就后者的具体位置向驻阿盟军提供了情报。③ 但不难发现，IS之所以能够在中亚、南亚地区迅速蔓延，除了具有良好的"社会基础"外，还在于其能够快速组织当地即将分散的极端势力，扭转"基地"组织无力撑起国际恐怖主义大旗的局面，其根本目标是建立"哈里发"国家，与"基地"组织的目标具有本质上的一致性。目标的一致性决定了二者虽有斗争，但由于双方实力对等、遵从一致的行动纲领、面对共同的外部威胁等，均不会给对方造成毁灭性打击，因此在发展上呈螺旋交织的状态。例如，IS在阿富汗挖"基地"组织"墙脚"时，"基地"组织也向伊拉克、叙利亚、北非等地区扩散。在通过内部斗争保证其生存的同时，曾宣布与IS断绝关系的"基地"组织头目艾曼·扎瓦赫里突然发出呼吁，号召"基地"组织和IS的支持者团结一致，共同应对来自西方国家的威胁。由此可以看出，"基地"组织、IS等国际恐怖主义组织在相互斗争的同时，也保持必要的合作。可以预见，"基地"组织、IS将进一步加剧该地区的反恐形势，甚至会主导该地区的恐怖主义发展。

---

① Saud Mehsud and Katharine Houreld, "Taliban Debate Merits of Islamic State's Caliphate Announcement," *Reuters*, July 11, 2014.
② Mubashir Zaidi, "IS Recruiting Thousands in Pakistan, Govt Warned in 'Secret' Report", *Dawn*, November 8, 2014.
③ "Isis-linked Militant Killed in Afghanistan Drone Strike," *The Guardian*, February 9, 2015.

(二)"瓦济里斯坦-费尔干纳"地区恐怖主义活动的表现形式

目前,国际恐怖主义"东起中亚,向南经阿富汗、巴基斯坦到达印巴边境的克什米尔地区……向南经亚丁湾蔓延到非洲之角的索马里,直至肯尼亚腹地"。①"瓦济里斯坦-费尔干纳"地区的恐怖主义已与国际恐怖主义紧密相连,该地区的恐怖主义主要通过维持其合法性、与其他地区的恐怖主义连成一片的方式来保证其存在。

首先,发动恐怖袭击制造混乱,进一步动摇民众对当地政府的信心。"瓦济里斯坦-费尔干纳"地区的恐怖活动由来已久。恐怖主义之所以在该地区长期存在,虽离不开国际恐怖主义的喧扰,但是也与民众目前的生活水平、宗教信仰等因素息息相关。内外因素的综合作用使 IS、"基地"等国际恐怖主义有了可乘之机。IS、"基地"组织等国际恐怖主义对普通民众的宣传和鼓动并不是空洞的说教,而是与"瓦济里斯坦-费尔干纳"地区所面临的贫困、生活水平低下、政府官员腐败等现实问题相连,具有极强的吸引力。例如,IS 通过暴力手段夺取当地资源、获取资金后,为吸引民众支持,其组织管理人员可获得 300 美元至 2000 美元不等的收入,普通武装人员则为 200~600 美元,此外还提供抚恤金、作战奖励等。② 2014 年 5~6 月进攻代祖尔期间,IS 花费 200 万美元诱使部落和领导人允许他们在该地存在,从而赢得了许多人的战略投诚和效忠宣誓。③ 自"9·11"事件以来,"基地"组织已杀害数千名巴基斯坦人,包括许多巴基斯坦士兵、警察和巴前总理贝·布托,炸毁建筑物,破坏外国投资,威胁巴国家稳定。④ 多发的恐怖袭击使当地人民的生活水平更难得到保障,并产生了大量难民,而难民则将这种不满归于当地政府的不作为,甚至转而向宗教或

---

① 刘青建、方锦程:《恐怖主义的新发展及对中国的影响》,《国际问题研究》2015 年第 4 期,第 117 页。
② 郑迪、张金平:《极端组织"伊斯兰国"在南亚的渗透:现状、动因与趋势》,《理论月刊》2015 年第 11 期,第 166~172 页。
③ Peter Neumann, "Suspects into Collaborators," *London Reviewer of Books* 36 (2014): 19-21.
④ 张力:《美国调整南亚反恐战略:观察与预测》,《南亚季刊研究》2009 年第 2 期,第 5~11 页。

恐怖组织寻求安全庇护和生活保障。此外，当地的军政主要领导人也是 IS 极力争取的对象。例如，2014 年 10 月 13 日，以巴基斯坦塔利班前发言人夏希杜拉·沙希德为首的 6 名巴塔中层领导宣誓效忠巴格达迪（Abu Bakr Baghdadi）；随后在 2015 年 1 月 10 日，这些成员又伙同其他 5 位塔利班中低级指挥官发布网络视频，再次宣誓效忠 IS；2015 年 5 月，塔吉克斯坦特警部队指挥官哈利莫夫上校向 IS 投诚。

其次，支持区域内暴恐活动，稳定既有基础，并向外拓展势力范围。比"基地"组织更具进攻性的 IS，计划在 2020 年前占领西亚、非洲北部和中部（南至喀麦隆、肯尼亚等）、中亚地区及欧洲的伊比利亚半岛、巴尔干半岛、克里米亚等地，以及巴基斯坦、印度和中国西北和西南地区。[①]宏大的战略制定后，必然要采取与之相适应的步骤和措施。因此，一方面，IS 与本土恐怖组织以资源互补的方式确保在当地的存在。本土恐怖组织虽然在思想体系、资金支持方面与 IS 有着较大差距，但是有广泛的生存空间和社会"群众"基础，可以为国际恐怖主义提供必要的生存空间。IS 则利用其相对充裕的资金、先进的战术手段、激进的行动理念为当地恐怖势力提供支持或直接加入派别之间的斗争。因此，互补的供求关系形成以后，IS 等国际恐怖主义便在该地区有了立足之地。另一方面，IS 通过提供资金、培训骨干人员、网络招募、传授暴恐技能、宣布"建国"理念等方式在世界范围内挖掘恐怖资源，已经取得了一定成效。例如，分享网站（YouTube）视频显示，菲律宾南部的"摩洛伊斯兰自由战士"（BIFF）和阿布沙耶夫（AbuSayyaf）组织已向"伊斯兰国"寻求资金援助。"东印尼神圣战士"（Majahidin Indonesia Timur，MIT）宣誓效忠于 IS 头目巴格达迪，并表示遵循 IS 的指示开展暴恐活动。[②] 截至 2015 年，在 IS 超过 2 万人的成员中，来自印度尼西亚的有将近 500 人，马来西亚有约 50 人，还有 100 多名菲律宾人和少量的新加坡人。目前，东南亚地区大约有 30 个激进组织宣称与 IS 有关联。

---

① 张宁、马文玲：《IS 在中国西部周边的发展态势》，《俄罗斯学刊》2016 年第 1 期，第 5~11 页。
② V. Arianti, "Indonesia," *Counter Terrorist Trends and Analysis*, Vol. 7, 2015, p. 10.

再次，结合生存环境的变化，持续输出伊斯兰极端思想。始终追求宗教和民族认同是恐怖主义维系其组织和成员的关键，也是其成长壮大的必由之路。早在"9·11"事件之前，"基地"组织就通过开办宗教学校、印发宣传册、发布视频、歪曲教义等方式向世界穆斯林聚居区传播极端主义思想，并将美国以及得到美国支持的世俗阿拉伯国家作为伊斯兰世界遭受痛苦和蒙受羞辱的罪魁祸首，特别是在"9·11"事件后"基地"组织更将这一宣传具体化，号召全世界的穆斯林起来反对美国等西方国家。随着本·拉登及其多名骨干被击毙，"基地"组织对国际恐怖主义的领导力日渐式微，IS又借叙利亚和伊拉克战后的政治和军事真空迅速壮大，在沿袭了"基地"组织的主要观点后，除公开宣布要"建国"外，认为"当前的世界已被划分为两个阵营、两个战壕，不存在第三个阵营：一个是信仰伊斯兰的信众阵营，另一个是不信道者（卡菲尔）和伪信者组成的阵营"。① 对于美国等西方国家，"基地"组织与IS均将其列为攻击对象，但是较之于"基地"组织，IS主要将"近敌"作为攻击对象，表现之一就是拒绝向以色列发动恐怖袭击或针对以色列发起宣教运动。② 这是IS与"基地"组织的根本不同。究其原因，在于美国等西方国家过于强大，并不利于直接对抗，而中亚、南亚地区内存在的逊尼派和什叶派之间的教派冲突有较高的利用价值。可见，恐怖主义在对外输出极端思想方面，也是根据其所面临的环境而不断改进策略，以保持其强大的号召力。

最后，以网络支恐为手段，拓展恐怖活动的空间和领域。网络是一把双刃剑，一方面将人们联系在一起，使人们之间的沟通交流更加便捷；另一方面也使恐怖主义组织或极端组织利用网络开展对重要的公共基础设施进行破坏、宣传极端主义思想、散布恐怖主义信息、招募成员等活动。就恐怖活动本身而言，其不仅追求部分人死，更追求更多人看。网络的通联性、信息传播的快捷性和效应覆盖的多维性可以较好地满足这一需求。盘

---

① Abu Bakr al-Baghdadi, "A Message to the Mujahidin and the Muslim Ummah in the Month of Ramadan," http://www.gatetoneinstitute.org/documents/baghdadicaliph.pdh.

② 〔英〕查尔斯·利斯特：《"伊斯兰国"简论》，姜奕晖译，中信出版集团，2016，第10页。

踞在"瓦济里斯坦-费尔干纳"地区的 IS、"基地"组织等恐怖主义便充分利用了这一技术手段,例如,IS 的"标准媒体"于 2014 年 3 月 17 日发布了长达一小时的《剑鸣铿锵(一)》(*Salil al - Sawarim I*)视频,24 小时内 YouTube 上的点击率达 56998 次。发布两个月以后,该视频在 Twitter 上的转发次数达到 40 小时内共计 32313 次,平均每小时转发量为 807.825 次。IS 还运作有多个安卓应用程序,其中包括"福音的黎明",它能读取用户的个人信息,并且通过他们的账号发布统一内容。2014 年 6 月 9~10 日 IS 攻占摩苏尔期间,"福音的黎明"尤其活跃。卓越的网络宣传配以强有力的反恐行动,使恐怖主义获得了更大的行动力和影响力。

(三)"瓦济里斯坦-费尔干纳"地区对中国战略利益的构成的挑战

IS 进入阿富汗后引发了当地恐怖主义势力的重新组合,并与"基地"组织展开了领地、力量之争。但是,二者的争斗并未使当地的恐怖主义形势有所缓解,反而引发了恐怖主义新一轮的扩散。就目前的形势来看,"基地"组织主要向中东、阿拉伯半岛等地区渗透;IS 则通过支持"瓦济里斯坦-费尔干纳"地区恐怖主义的方式向中亚和东南亚渗透,并招募当地人员参加叙利亚的"圣战",在中亚则很可能会以费尔干纳盆地为据点,向中国和俄罗斯渗透。因此,该地区的恐怖主义对中国的危害已经迫在眉睫。

首先,促使区域间国际关系更加复杂难控。"9·11"事件的爆发在向全世界昭示恐怖主义凶残本质的同时,也迅速将美国的战略重心从欧洲、中东地区转向阿富汗。但是,美国并没有将军事力量用于集中应对"基地"组织,而是用于集中打击被认为与"基地"组织有密切联系的塔利班政权。结果是,美国深陷其中不能快速脱离,以印度、美国、巴基斯坦针对阿富汗问题展开激烈的战略博弈为核心的南亚乱局更加难以控制,美国与俄罗斯在中亚地区的利益争夺重新上演,国际恐怖主义强势侵入,本土恐怖主义逐渐崛起。奥巴马上台后,受制于美国国内经济困境和政治需要,宣布美国在阿富汗的战争已经结束,准备将阿富汗的安全问题交由新政府负责。但由于阿富汗新政府无力承担起后续的国家治理,加之区域间

"瓦济里斯坦-费尔干纳"地区恐怖主义特点及中国反恐情报保障策略

国际关系因阿富汗战争进一步复杂化,该区域对恐怖主义的打击难以奏效。随着IS由伊拉克向阿富汗的战略转移,一股由IS主导的恐怖势力正逐渐由南亚向中亚、东南亚渗透,将与更多国家的内政问题相联系,对其打击将涉及更加复杂的国家关系。多国部队对于叙利亚IS的打击就是最好的例证。由此引发了该区域是否会出现类似于多国部队对IS进行打击局面的疑问,即将一次反恐战变成多国利益的博弈场。更为严重的是,美国会不会借在中亚、中东地区的军事存在,在该区域借打击IS之名,行遏制中国之实。这一局面一旦出现,不仅会加速IS向中国境内的渗透,而且会将战火引入中国新疆地区,从根本上干扰中国的民族复兴战略。

其次,"一带一路"的安全环境更加脆弱。"一带一路"涉及60多个国家、40多亿人口,已经得到沿线众多国家的支持和赞同。其中,"瓦济里斯坦-费尔干纳"地区是必然要涉及的区域,其对"一带一路"的威胁也显而易见。首先,将直接面临恐怖主义袭击的风险。恐怖主义的滋生蔓延得益于有力的思想武器和对底层群众面临现实难题的有效"化解"能力。首先,"一带一路"涉及众多前期投资,需要中国提供关键的技术、设备和人员,可以预见,不久将会有越来越多的企业、工厂以及劳务派遣人员和旅游人员进入该区域。而IS、"基地"组织等恐怖主义为维系其运作,势必将通过绑架、劫持人质等方式获取更多的资金、设施,甚至会通过"社会动员"威胁、压制外来企业的生存,以保证在当地继续存在。例如,布鲁塞尔一位未具名的北约消息人士透露,IS在2014年4月收到来自法国的1800万美元赎金。[①] 因此,随着投资不断增多,上述威胁不仅会增多而且会催生更加复杂的国际关系。其次,因恐怖主义而加剧的复杂的区域间国际关系将影响"一带一路"的实施。在现实主义外交方针的主导下,沿线国家虽然表示支持"一带一路",但更希望搭上这辆便车获取更多的现实利益。恐怖主义与民族、宗教问题紧密相连,也与部分国家的政权稳定紧密相连,所产生的危害显而易见更会引发部分国家政局的动荡。

---

① Jessica D. Lewis, "Al-Qaeda in Iraq Resurgent: The Breaking the Walls Campaign, Part I," *Middle East Security Report* (Washington: Institute for the Study of War, September 2013), http://www.understandingwar.org/sites/default/files/AQI-Resurgent-10Sept-0.pdf.

在这一对矛盾之中，有力的反恐统一战线能否形成还有待进一步观察。现实的困境是，基于该地区复杂的地缘政治格局，反恐阵线形成后势必引发区域内政治力量的斗争，甚至随着反恐斗争的深入，反恐阵线可能会出现新的变局。最后，由恐怖主义所引发的社会文化融合障碍将成为阻碍"一带一路"推进的无形屏障。"一带一路"所经地区宗教、民族问题突出，对自身文化有较强的认同感。IS、"基地"组织等国际恐怖主义以文化边界来确立其未来的"国境"，追求文化上的单一性，由此带来的文化认同无形中会扩散，形成文化融合的壁垒。

再次，"东突""乌伊运"等恐怖组织加速"国际化"，助力由IS主导的"瓦济里斯坦 - 费尔干纳"恐怖主义弧线的形成。"东突""乌伊运"是横跨中国新疆与中亚、南亚地区的区域性恐怖组织，国际战略格局的变化和IS等国际恐怖主义的战略转移为其反弹提供了重要的机遇。"东突"和"乌伊运"一方面宣布向国际恐怖组织效忠，以谋求人员、资金的支持，2014年9月底，活动在巴基斯坦北瓦济里斯坦的"乌伊运"部分高级指挥官宣布支持IS；另一方面在积极参与"全球圣战"运动以拓展生存空间的同时，也以实际行动来加速与国际恐怖组织的融合，在叙利亚和伊拉克，先后有"东突"分子前往参加"圣战"，特别是2012年5月以来，"东突"纠集成员组成"圣战"小组潜入叙利亚参战。在中东随后兴起的"伊斯兰国"中，也发现有"东突"分子混迹其中。①"东突"和"乌伊运"还提出了"建国"目标，以谋求战略对接，"乌伊运"的基本纲领和目标是："推翻现政权，建立政教合一的伊斯兰国家；最终目标是伙同塔吉克斯坦、吉尔吉斯斯坦国内的恐怖组织以及车臣、'阿富汗阿拉伯人'等一些国际恐怖主义组织在费尔干纳盆地建立'哈里发'国家。"目前"乌伊运"向吉尔吉斯斯坦、乌兹别克斯坦等国的回流就是最好的例证；"东突"则在极力追求建立"东突厥斯坦共和国"目标的驱动下，在新疆地区广泛发动恐怖袭击，仅在2012年就发动恐怖袭击190多起，2013年

---

① 赵国军：《"东突"恐怖活动常态化及其治理》，《国际展望》2015年第1期，第104~117页。

"瓦济里斯坦－费尔干纳"地区恐怖主义特点及中国反恐情报保障策略

达到200多起，连续两年的发案数均接近或达到1990~2001年发生的所有暴恐案件的总和。① 行动方式上，"境外策划，境内实施"的模式已经形成，并具备相应的行动效力。2001年11月，哈萨克斯坦"东突厥斯坦委员会"主席利用维吾尔族商人的支持，购买了大批武器，包括200支冲锋枪、700支手枪、10多挺机关枪以及2支火箭筒等，企图从中吉边境进入新疆，以支持新疆的民族分裂分子搞破坏；2004年，中国公安机关分别在伽师县、喀什市查获大批仿真五四手枪。

最后，伊斯兰极端主义思想的传播导致意识形态斗争更为激烈。伊斯兰极端主义对中亚、南亚的恐怖组织具有不可估量的作用，时至今日，其鼓动力、凝聚力、渗透力已得到极大提升。中国的综合国力虽然显著加强，但是也面临环境污染严重、贫富差距拉大、部分基层干部腐败、社会价值观需要重构等问题，特别是在新疆等少数民族聚集区，还面临已有的民族政策不能解决发展过程中出现的新问题的难题，这在一定程度上影响了民族团结。"东突"恐怖组织吸取IS、"基地"组织的斗争经验，以中国新疆等少数民族聚集区面临的现实问题为突破口，围绕宗教、民族两大内核性问题，以"历史独立论""资源掠夺论""民族灭绝论""侵犯人权论""民族觉醒论""宗教圣战论""民族自觉论"为支点，以实现在新疆"建国"的目标。宣传对象上，立足于境内外穆斯林聚集地，辐射境内其他省份或地区以及境外发达国家的本民族、本宗教人员，服务于整个伊斯兰极端主义运动；以拉拢成年穆斯林为重点，加紧对妇女、青少年的渗透和培养，体现出数量与质量并重、骨干与"外围"② 分层、当前与未来紧密衔接的特征。例如，"世界维吾尔代表大会"在2008年宣布，计划在5年内，每年从中国内地"新疆高中班"物色30~50名维吾尔族青少年学生赴欧美和土耳其等地留学，以培养懂得利用西方国家从事分裂活动的高层次后备人才。据统计，截至2009年，新疆维吾尔自治区5所高校和5个文化单位出国未归人员分别达395人和42人，其中一些人已经取得他国居

---

① 阿依努尔、毛咏：《恐怖袭击发出的危险信号》，《瞭望》2014年第10期，第49页。
② 外围主要指非骨干人员，通常在骨干人员的策划、指挥下，以单独（小组）的方式完成暴恐袭击任务，具有较高的隐蔽性，难以发现。

住权,一些人则积极从事分裂中国的活动,成为团伙骨干力量。① 宣传方式上,以开办宗教学校、歪曲事实、曲解教义、发布传单、开设地下讲经点、亲友互访、朝觐、学术交流、境外培训为重点,结合 QQ、MSN、微信、手机、网络、无线电台、电子存储介质等高科技手段,以及"教师工程""母亲工程"等组织,开展全方位的信息灌输;以文字描述为重点,配以图片、视(音)频等形式进行多维增效;以促进思想极端化为目标,逐步实现宗教礼仪、服装的"改造"和"回归"。比如,"基地"组织把向异教徒发动"圣战"构建为穆斯林需要履行的"第六功"②;中国南疆部分地区已经出现穿宽大的黑罩袍和戴面纱的妇女等。

二 中国跨境反恐情报保障机制面临的主要矛盾

"瓦济里斯坦-费尔干纳"地区在新的地缘政治格局下已经发生了新的变化,对中国的威胁不可小视。要保证国家战略的绝对安全,中国反恐部门必须敢于"走出去",跨境反恐已成为一项必须迎接的挑战,情报是制胜的关键变量。结合中国反恐情报体制的特点和所面临的恐怖主义威胁,中国跨境反恐情报保障面临以下几方面问题。

(一)恐怖主义的复杂性使国家间难以达成对恐怖主义的共识

恐怖主义深深地扎根于一个地区或国家的社会矛盾之中,社会矛盾的多样性又使所在国家难以采取有效的措施加以应对。究其原因,在于对恐怖主义的认知不同,而这种差异性已经导致包括情报保障难以有效开展在内的诸多问题。

首先,对恐怖主义的定义不统一。对恐怖主义的定义之所以难以统一,主要受制于一国或一个组织所持有的价值观、对威胁的感知程度以及

---

① 张秀明:《新疆反分裂斗争和稳定工作的实践与思考》,新疆人民出版社,2009,第93页。
② 传统的伊斯兰教法中,穆斯林必须履行的神圣义务和功修课程为念功、拜功、课功、斋功与朝功,亦即通常所说的"五功"。

所抱有的现实目标等因素。目前中亚、南亚各国在恐怖主义的目的、对象、手段、性质等问题上达成了共识，争议主要集中在恐怖主义是否包含国家恐怖主义和民族解放运动。国家性质不同，对此问题所持的态度也不同，巴基斯坦政府对"巴基斯坦塔利班"与"阿富汗塔利班"所持的不同态度就是最好的例证。此外，学术界由于受不同文化或学术背景影响，即使对国际社会公认的恐怖组织也有不同看法。比如，对于"伊斯兰国"的性质，学术界也出现了"第三次国际圣战浪潮"[1]、"准国家"或"伪国家"[2]、"革命国家"[3]、"发展阶段"[4]几种极具代表性的认知，这些认知与当前国际社会对恐怖主义的定义有本质上的差异，如果相应的理论观点被决策者采纳，则会由于"伊斯兰国"身份的"彻底转变"而对其情报的获取、交流等问题产生更为复杂的影响。

其次，对恐怖主义威胁的感知不同。恐怖主义为谋求一定的生存空间，并不是四面树敌，而是以宗教或民族划分敌我，主要对异教徒或非本民族人员发动恐怖袭击。如此一来，别国被认为是恐怖主义的组织对具有相似民族或宗教性质的国家便具有较小的威胁，也会产生较小的威胁感知。相应的，此类国家所采取的应对策略便会较为温和。现实的困境是，一些不稳定的政权或非世俗国家为追求社会的暂时稳定，不愿意将一些组织定性为恐怖组织，以防止已有的民族、宗教矛盾进一步扩大，从而对其采取默许的态度。

最后，对恐怖主义的判定标准不同。恐怖主义虽然对于整个人类社会而言具有严重的危害性，但是对于某一群体或个体而言，是否为恐怖主义或恐怖组织有不同的甚至是相反的判定标准，例如，IS、"基地"组织等

---

[1] Fawaz A. Gerges, "ISIS and the Third Wave of Jihadism," *CURRENT HISTORY*, December 2014.
[2] Audrey Kurth Cronin, "ISIS Is Not A Terrorist Group: Why Counterterrorism Won't Stop the Latest Jihadist Threat?" *Foreign Affairs*, March/April 2015.
[3] Stephen M. Walt, "ISIS as Revolutionary State: New Twist on an Old Story," *Foreign Affairs*, November/December 2015.
[4] 周鑫宇、石江：《"伊斯兰国"最新发展趋势探析》，《现代国际关系》2015年第5期，第41~64页。

恐怖组织的成员被相当一部分穆斯林当作"民族英雄",甚至部分地区已经将对上述两个组织的认同上升到精神领域。国家层面也面临同样的问题,甚至以"双重标准"策略推行国家战略。比如,对于活跃在中国新疆地区的"东突"组织,美国政府并不将其视为恐怖主义,导致两国在境外追逃、罪犯引渡、情报共享等问题上障碍重重。

(二)社会文化的难以融合导致关键情报缺失

萨缪尔·亨廷顿在《文明的冲突与世界秩序的重建》一书中指出:"文明冲突模式强调文化在塑造全球政治中的主要作用,它唤起了人们对文化因素的注意。"对于以文化作为精神凝结手段的国家来说,确保本国文化的安全是其生存和发展的基本前提之一。① 强大的文化对国家的安全稳定、民族的兴衰存亡有着至关重要的作用。中国在"瓦济里斯坦-费尔干纳"地区推行国家战略面临的首要问题就是儒家文化与伊斯兰文化的有效融合。中亚五国、南亚七国对伊斯兰文化有较高的认同,部分国家甚至将伊斯兰教义作为治国的准绳,奉为严格的精神戒律。儒家文化在追求人与人和谐相处的基础上,讲求求同存异、兼容并包。国家政党或领导人之间由于有着较完善的沟通机制和较多的利益交汇点,实现反恐合作较为容易,但是民间由于接受的信息有限,而且较为杂乱,加上恐怖组织对伊斯兰教义的曲解与当地部分基层政权的腐败,很容易对本民族的宗教、文化产生"高度的认同",极力排斥外来文化,甚至将遭受的贫困、痛苦等问题归结为当地外资对资源的掠夺和对当地文化的破坏。文化上的不相认同导致国家和民间两个维度的交往面临种种困境,不可避免地会影响反恐情报的交流。"瓦济里斯坦-费尔干纳"地区还有较多的部落聚居区,部落聚居区有着独立的文化,对外来人员具有很高的警惕性,反对外来人员融入当地生活,极利于恐怖分子隐藏。而部落内的居民由于文化认同的差异不愿"看到就报告",无形中导致关键信息缺失。

---

① 刘静波主编《21世纪初中国国家安全战略》,时事出版社,2006,第225页。

(三) 域内复杂的地缘政治环境仍是制约情报共享的根本障碍

首先，上海合作组织虽然在前期打击"三股势力"的合作中发挥了重要作用，且随着参与国家的逐步增加，其机制也得到进一步完善，但与前期反恐合作不同的是，相比于"东突""乌伊运"等恐怖组织，IS、"基地"组织主导下的恐怖主义网络将成为新的威胁，将牵涉更多国家的利益，上海合作组织能否步调一致，共享反恐情报就成为一大挑战。从目前来看，面对这一新的局面，中亚、南亚国家也是慎重对待，但相关国家也出现了截然相反的态度。例如，对于 IS，阿富汗官方出现了两种声音：一方认为目前活跃在阿富汗的武装就是 IS 叙伊地区的分支，直接受命于巴格达迪，加尼总统及大部分地方官员持这种意见；另一方（主要是阿富汗政府高级官员，也包括部分前内阁成员，如前总统卡尔扎伊）则认为，这些武装不过是打着 IS 旗号的塔利班分子，他们受到巴基斯坦三军情报局支持，是巴方维护其在阿影响力的工具。[①] 中亚部分国家由于 IS 的敏感性，并不公开承认受到该组织的威胁。这种分歧是否会对上海合作组织下一步的情报合作产生影响，需要持续关注。

其次，继"大中亚安全"战略后，美国又抛出了"新丝绸之路"计划，通过将阿富汗的发展与中亚、南亚紧密连接来实现地区的稳定。但其根本目的是保证美国战略利益的长期存在，制衡中国崛起和削弱俄罗斯在该地区的影响力。这一带有明显政治色彩的战略无形中会与"一带一路"形成战略博弈关系。现实的情形是，美国与伊斯兰国家相较于中国有更多的利益来往，也更了解伊斯兰国家的运作模式，对其政治精英及中产阶级的影响较为深刻。在这一模式下，中亚、南亚国家势必会采取"两面下注"的做法，攫取更多的经济利益。以此为基点将打击恐怖主义作为合作的筹码后，中国根本无法获取情报反恐的主动权。

---

① Borhan Osman, "The Shadows of 'Islamic State' in Afghanistan: What Threat Does It Hold?" http://www.afghanistan-analysts.org/the-shadows-of-islamic-state-in-afghanistan-what-threat-does-it-hold/.

最后，作为南亚主要国家的巴基斯坦和印度正在发生内核性裂变，不仅深受恐怖主义威胁，而且存在领土争端，两国虽有接触，但是相互关系没有实质性改变。中印、中巴关系总体向好，但是合作范围有限，并不能涉及所有的领域。恐怖主义与印、巴两国的密切度要远远高于中国。因此，在恐怖主义问题上，中国要与印、巴两国达成共识要涉及更深层次的矛盾，面临更多的问题，稍有不慎就会因复杂的域内关系而陷入反恐泥潭，无形中影响反恐情报共享。

（四）国家间反恐情报保障机制还未充分融合

在"瓦济里斯坦-费尔干纳"地区，部分国家的反恐情报机构将恐怖主义作为实现其国家利益的重要工具，没有从根本上消除恐怖主义的决心和意志，只是满足于当前恐怖主义态势的基本稳定和事后对恐怖分子的审判、抓捕，在国与国之间反恐情报保障方面缺乏深入的合作。中亚、南亚大多数国家之间的边检尚未和国际刑警组织联网，信息不能共享，机制不能互容，这些漏洞使恐怖组织得以在多国之间窜逃，部分恐怖组织甚至利用居民身份监管漏洞"漂白身份"，以逃避反恐部门的打击。

恐怖主义威胁只有超越一定的范畴并上升为影响国家安全的重要因素，才会进入国家政治集团考虑的范畴。就目前的"东突"而言，其虽然有扩大袭击范围且进一步国际化的趋势，但是远没有成为其他国家安全的首要威胁，因此对其打击和应对仅仅由相应的职能部门来完成，区域之间或国家之间的情报交流也由相应的部门来开展，部门沟通成为跨境反恐情报保障的重要方式。而部门之间的差别化设置又会成为新的障碍。例如，《中华人民共和国反恐怖主义法》第69条规定："边境地区的县级以上地方人民政府及其主管部门……可以与相邻国家或者地区开展反恐怖主义情报信息交流。"这一规定下放了反恐情报交流的权限，使县级以上地方政府及其主管部门在交流反恐情报时有了更大的自主空间，但是也提出了新的问题：县级以上地方政府及其主管部门在开展境外反恐情报合作时与对方部门之间能否在业务、级别、管辖范围、关注重点等问题上形成对等，面临恐怖主义威胁时这种对等能否快速形成。如果不能形成情报部门之间的对等，则将难以形成有效的反恐情报保障机制。

反恐情报部门的建设是一个国家和民族文化的重要体现，具有深厚的地域和文化特色。因此，除了工作机制外，反恐情报的有效融合将面临数据结构不一致、表述方式千差万别、信息不能有效挖掘、技术手段难以融合的困境。特别是在"瓦济里斯坦－费尔干纳"地区，部落众多，与外界交流较少，基本呈封闭式发展，语言本土化特征较为明显。特别是部分即将消失的语言由于受外界影响较少，具有自己独特的表达方式，如果对其表达习惯、当地文化等没有透彻的了解，很难从中感知到正确的信息。这也是成为制约国家间反恐情报交流的障碍之一。

（五）现有情报网络并不能覆盖恐怖主义的活动空间

情报网络对恐怖主义活动空间的全面覆盖是有效获取情报的关键。IS、"基地"组织为谋求生存，及时实现了"战略转移"，并与"瓦济里斯坦－费尔干纳"地区当地的恐怖主义快速融合，由有形空间进入无形空间，由"瓦济里斯坦－费尔干纳"地区扩散至整个穆斯林聚居区。然而，由于这些地区面临政局不稳、教派林立、部落高度自治、信息化普及程度低、民族跨边境生存等问题，以及边境通道较多、政府控制力软弱等现实，因此国家主导建设的反恐情报体系难以实现全面覆盖。特别是阿富汗、巴基斯坦等国家采取的是"国家—部落—个人"的治理模式。在这种模式下，国家与个人不直接发生权利与义务的关系，个人首先认同和效忠的对象是部落。这一方面导致国家无法动员和运用足够的资源来打击恐怖分子，另一方面使政府在国内难以全面有效地行使主权，恐怖分子因而能够利用这些权力真空渗入当地并发展壮大。[①] 而国际社会在打击跨境恐怖主义时大多采取的是"国家—国家"的合作模式，无法直接与部落对接，反恐情报交流也遵循这一模式。

网络空间已经成为恐怖主义渗透的重点领域。从理论上讲，网络将恐

[①] 修光敏：《美国的反恐困境与出路——评戴维·基尔卡伦的〈意外的游击战：反恐大战中的各类小型战争〉》，《国际政治研究》2016 年第 4 期，第 143~150 页。

怖组织与世界人民紧密地联系在了一起，反恐机构可以利用网络广泛挖掘反恐情报。但现实的困境是，网络涉及众多国家的利益，网络监管机制在不同的国家有很大的差异，这不仅体现在与外界的联系上，也体现在本国的覆盖率以及使用范围上。部分恐怖组织为逃避政府打击，甚至采用传统的通信模式。在这样的背景下，网络既不能对所有恐怖组织进行全面覆盖，更不能对其信息进行全面侦搜，必须借助传统手段来弥补这一不足。而传统手段的缺点，如信息理解差别大、受干扰因素众多等，又使这一机制存在短期内无法弥补的短板。

三 中国跨境反恐情报保障机制的建立与完善

跨境反恐是恐怖主义威胁日益加剧和维护中国战略利益的客观要求。但是，复杂的国际关系、难以融合的社会文化以及国家间反恐情报体制的差别化认知，使跨境反恐情报保障面临诸多问题。综合来看，跨境反恐必须立足于现有的国际反恐机制和国家战略，在现实空间和网络空间综合应对。

（一）以"一带一路"为牵引，打造反恐情报保障命运共同体

"一带一路"是中国内外两个大局发展的必然结果，有着深层次的历史背景和现实积累，其中包含了自由贸易协定（FTA）、跨境经济合作、经济走廊、基础设施、金融投资、援外等多种政策手段，形成了一个总体性的政策篮子，可以针对不同的国家，采取不同的政策组合。[①] "瓦济里斯坦－费尔干纳"地区的大多数国家经济发展相对落后，"一带一路"的上述优势可以为这些国家提供便利。因此，中国可借助"一带一路"的推进，以谋求共同利益为出发点，加强与沿线国家在诸多领域的合作，将中国的发展与沿线国家的发展紧密联系起来，致力于反恐情报保障命运共同体的形成。其中，金融、基础设施建设和信息化建设是三个重点合作领域。

---

① 翟崑：《"一带一路"建设的战略思考》，《国际观察》2015 年第 4 期，第 49~60 页。

首先，以金融领域的合作为契机，掌握恐怖组织的资金流动规律。"一带一路"所涉及的亚洲基础设施投资银行（以下简称"亚投行"）、丝路基金已经迈出实质性的步伐。2013年以来，中国宣布投入400亿美元设立"丝路基金"。亚投行于2016年1月16日正式开业，重点支持亚洲国家的基础设施建设，为交通、能源、城市发展等提供融资，已经有中亚、南亚以及欧洲的众多国家宣布加入，相互之间来往更加频繁，业务更加紧密，沟通机制更为完善。恐怖组织通过走私石油、贩毒、抢劫等活动获取的资金也经常通过国家金融体制流通至其分支机构，一旦其资金流通规律被监控，不仅可以熟知其组织网络，还可以预测其下一步行动。

其次，以共同建设基础设施为契机，展开对当地恐怖主义情报的全面侦搜。客观上讲，中国可以为"一带一路"在境外的施工项目提供相对成熟的技术和成本低廉的人力资源，但是毕竟需要投入的资源特别多，建设周期特别长，涉及环境特别多样，所以需要与沿线地区展开广泛的合作。合作内容涉及交通、电力、能源、人力等诸多领域，合作空间涉及所在国众多区域。例如，位于巴基斯坦东部地区的1号铁路干线，全长1726公里，从南部港口卡拉奇向北经拉合尔、伊斯兰堡延伸至白沙瓦，是巴基斯坦最重要的南北铁路干线。全方位合作的优势客观上为深层次了解当地的人文社会环境提供了良好契机。在面对当地恐怖主义威胁时，一方面可以更好地与当地政府合作，提出明确的情报需求；另一方面可以就打击恐怖主义形成更为完善的情报保障机制。

最后，以信息化建设合作为突破口，破解反恐情报流动的技术性障碍。信息化建设涉及基础设施、通信网络、数据管控等诸多重要领域，是一项更为综合、宏大的工程。目前国家之间由于信息化建设等方面的差异所引发的数据结构不同、表述方式不一致、通信设施不兼容等问题，使反恐情报面临诸多技术性障碍。这一问题事关反恐情报的融合质量、效能发挥、信息增值等关键环节，必须予以高度重视。因此，中国要以域内信息化建设合作为突破口，在通信设施、数据存储、信息表达、调用权限、挖掘技术等关键性领域与所在国建立统一的标准，从而克服目前反恐情报所面临的技术性障碍。

(二) 以《联合国全面反恐公约》为基础,构建反恐情报保障的行为准则

从根本上讲,国家对外交流、跨境反恐等活动的开展是以国家利益为核心的,而且目前在国际范围内并不存在一个能够有效约束主权国家的组织,超越国家主体的组织运行必然基于国际领域所制定的规范和准则,《联合国全面反恐公约》就是在此背景下产生的。《联合国全面反恐公约》是目前国际范围内针对打击恐怖主义最具认可性的一个文件,代表的是大多数国家的反恐意愿和承诺。

首先,围绕《联合国全面反恐公约》制定与国际社会相一致的反恐情报机制。《联合国全面反恐公约》认为,恐怖主义具有对象的无辜性、目的的政治性、手段的暴力性等特征。这一点已经得到国际社会普遍认可。事实上,恐怖主义与普通刑事犯罪的根本区别在于其目的的政治性,而非参与主体、手段的不同。因此,中国应从对象、目的、手段三个方面对恐怖主义进行界定,并以此为基础建立相应的反恐情报机制,即凡是具有诸如以推翻现有国家政权、分裂国家领土等为政治目标,采取暴力手段对政府、公民造成伤害等特征的活动,均是反恐情报机制重点关注的对象。

其次,以拓展并完善现有区域性国际反恐公约为基础,制定区域反恐情报机制。目前来看,《上海合作组织反恐怖主义公约》在多国共同反恐行动中的情报保障方面迈出了实质性步伐,但由于现有反恐情报机制面临诸多机制性障碍,如涉及领域的广泛性和现有合作领域的单一性,迫切需要制定新的合作机制以更好地应对恐怖主义威胁,因此,可探索将上海合作组织的合作范围由打击恐怖主义为主逐步向经济、能源、交通、毒品侦查等领域延伸,构建起综合治理恐怖主义的机制框架;成员国要延伸至南亚重要国家,增强组织的区域对话功能,为反恐情报保障提供国家层面的支持。南亚区域合作联盟(以下简称"南盟")是以南亚国家为主体建立的一个区域性组织,但由于国家之间矛盾的复杂性,该组织的作用并没有得到实质性发挥。中国战略利益的拓展势必会与该组织产生更多的交汇点,相互之间如何沟通仍是反恐情报保障机制面临的一大障碍。因此,中国应尽快将其在南盟体系中的身份由观察员国转变为成员国，力争使各成员国在恐怖组织的认定、发展变化、活动空间，反恐情报的共享、分析、数据存储标准等问题上达成共识，努力推动决议的落实。此外，俄罗斯与美国在该地区有重大的利益，而且具有影响他国对外战略取向的能力，客观上与中国形成战略竞争态势，因此还必须考虑这两国的态度。

最后，重点完善双边国家间反恐情报保障机制。当前，无论是境内还是境外，中国遭受的威胁都还是以本土恐怖主义为主。双边国家间反恐情报保障机制的建立面临较少的矛盾，也便于快速建立，具有较强的灵活性和针对性。因此，中国可建立中巴、中阿、中塔、中吉等双边反恐情报保障机制，重点在力量运用、人力支持、罪犯引渡、定点清除、跨境抓捕、资金冻结、法规保障等具体问题上展开合作，以应对具体的恐怖袭击。

（三）以社会文化融合为支撑，助推反恐情报体系全域覆盖

"9·11"事件后，美军认识到社会文化感知能力将成为一项重要的战斗力，并对其重要性进行了描述："从战略层面而言，文化误解会加剧叛乱；从战役层面而言，文化误解可能会引起消极的公众舆论；从战术层面而言，文化误解会威胁平民和军队的安全。"[①] 因此，社会文化情报也应成为跨境反恐情报的重要组成部分。

首先，牢固树立文化平等理念，消除反恐情报交流的心理障碍。文化是一个国家、民族或组织经过长期的积累而成，是集体智慧的结晶，是一个民族和国家得以长期存在的精神支柱，其对社会的影响是长远而深刻的。每个组织或民族都以其所拥有的独特文化而骄傲，是与他民族或组织交往的一张名片。因此，牢固树立文化平等理念是具有不同文化主体的民族与国家交流的前提。在"瓦济里斯坦—费尔干纳"地区遂行反恐行动面临多元文化融合的问题，牢固树立文化平等理念至关重要。因此，中国可在该地区加大以孔子学院为基础的文化传播，致力于在生命关怀、人际关

---

① 蒋飞、郭继荣：《"丝绸之路经济带"社会文化情报支援作用研究》，《情报杂志》2016年第2期，第12~15页。

爱、家庭伦理、人格操守、生态伦理等方面开展文化交流，增强不同民族之间的文化认同，弥补政府间反恐情报交流的不足。

其次，大力开展去极端化活动，以具体行动促进情报体系"落地生根"。去极端化活动是多元社会文化融合的另一关键问题。当前，媒体报道或舆论传播的不当模式使部分民族或地区被极端化，而被极端化的民族或组织更容易成为恐怖组织。事实上，发动恐怖袭击的只是少数人员，绝大部分人还是向往和平、珍爱生命的，更不会滥杀无辜。中国要大力开展去极端化活动，祛除不应有的排斥心理，促进情报体系"落地生根"。一是要依托当地的中资企业，加大对部落区域的无偿援助，提高当地民众的生活水平，以维护共同的利益为基点，主动提供反恐情报。二是驻外安保力量要在充分尊重当地宗教文化和生活习惯的基础上，敢于融入当地民众的生活，了解其生活习惯，熟悉其社会关系网络。三是加大对旅游、工作等人员的管控，使其生活习惯文明化，将其作为展示国家身份的窗口。

最后，构建社会文化情报数据库，为国家利益长期安全做准备。美国海军少校约翰·P. 克里斯将文化情报定义为："为了理解一个民族或国家的历史、体制、心理、信仰（如宗教）和行为方式而对其社会、政治、经济及其他人口统计信息的分析。它有助于理解一个民族行事的原因及其思维轨迹。文化情报是规划与外国民族（盟友、中立方、被占领国的民族、敌人）交往战略时的底线。"[1] 国际关系的复杂性使敌我关系经常发生变化，恐怖组织也随时会发生变化。因此，必须建立关于某一个国家或地区的社会文化情报数据库，对其中的恐怖情报进行长期搜集和研判，为从更高的层面、以更远的眼光应对恐怖主义提供情报支撑。

（四）迈出网络反恐的实质性步伐，破解制约反恐情报保障的体制性障碍

在网络与现实连接越来越密切的今天，网络目标被破坏无疑会波及至

---

[1] John P. Coles, "Incorporating Cultural Intelligence Into Joint Doctrine," *Joint Information Operations*, 2006, 7.

现实空间。网络空间最主要的特点是其无显著边界的空间属性,① 因此,可将此优势转化为破解跨境反恐情报保障体制性障碍的重要步骤。

首先,加快以计算机为核心的网络新技术研发,掌握网络空间反恐的技术优势。网络反恐是以技术为核心的一场反恐斗争。因此,掌握网络核心技术尤为重要。现实的困境是,在网络空间少有国家可以与美国匹敌。以国际顶级地理域名主服务器及其管理者为例,12 台主根服务器分别归属 3 家美国公司、3 家美国政府相关机构、2 所美国大学、1 家美国非营利的私营机构、1 家欧洲公司、1 家欧洲私营机构和 1 家日本机构。② 美国利用其先进的网络技术,已在网络空间形成数据霸权。数据霸权带来的威胁不仅包括美国等西方国家对恐怖主义的纵容,还包括因此而产生的网络脆弱性进一步催生出的新的恐怖主义。例如,IS 利用网络建立了"网络伊斯兰",针对美国等西方发达国家的网络漏洞,以嵌入恶意加密软件为手段,猖狂实施网络窃密,破坏金融、通信、电网、著名论坛等网络系统的活动。而中国对上述技术手段具有较强的依赖性,一旦发生恐怖袭击,很难独善其身。因此,网络反恐的前提是要具备先进的网络技术手段。

其次,开展国际合作,着力提升网络反恐的效能。一个不可否认的事实是,美国虽拥有强大的技术手段和门类众多的反恐部门,但是其网络反恐的成效并不明显。这说明网络反恐将超越传统的国家与国家之间、组织与组织之间的对抗模式,出现一个没有国家、没有固定活动区域、没有强大武器装备的个人和组织之间的对抗,而这种对抗仅需要一部电脑或手机连入互联网就足够了,呈现明显的"非对称性"。网络空间的"非对称性"对抗将比现实空间更加难以取胜。要降低其危害,必须开展国际合作。因此,要在积极达成联合国框架下网络反恐协议的基础上,在国际范围内开展共同排查涉恐信息发布源、制定网络空间信息监控规则、共享业内先进技术、共同挖掘

---

① Kris Barcomb, Dennis Krill, Robert Mills and Michael Saville, "Establishing Cyberspace Sovereignty," *International Journal of Cyber Warfare and Terrorism*, Vol. 2, No. 3, 2013, pp. 26 – 30.

② 沈逸:《后斯诺登时代的全球网络空间治理》,《世界经济与政治》2014 年第 5 期,第 144 ~ 155 页。

"加密"信息等活动,从而提升网络反恐的效能。

最后,实现国家间反恐情报中心的融合,促使情报由"聚合"向"融合"(fusion)转变。融合指把信息和情报转变为能付诸实施的知识。① 情报由"聚合"向"融合"的转变,是预测恐怖主义组织下一步行动的关键。反恐情报中心是一个国家对威胁本国安全的反恐情报进行综合处理的机构,掌握有大量的反恐情报资源。恐怖主义国际化的趋势使各国反恐情报机构面临异地文化不熟悉、部落语言不了解、关键性信息缺失等问题,特别是言论自由与传播涉恐信息难以区分、涉恐人员身份"漂白"等问题已经是跨境反恐面临的首要难题。一国的情报机构要解决上述难题,仅靠不断地投入人力、物力显然不是良策,甚至会使机构臃肿,效率低下。国家间反恐情报中心的融合不仅可以有效缓解上述矛盾,还可以促使情报由"聚合"向"融合"转变。

四 结论

跨境反恐是国家战略利益延伸的必然结果,也是由被动防御向积极防御的重大转变,涉及许多因素。也正是这一特殊性决定了跨境反恐更多的是一场多国之间的政治博弈,而不是纯粹的军事行动。情报对于跨境反恐具有前瞻性、预见性和指导性,也是其成败的关键。"瓦济里斯坦-费尔干纳"地区不仅是中国"一带一路"建设的重要支点,也是世界上恐怖主义较为猖獗的地区之一,以此为切入点考察中国跨境反恐情报保障问题,不仅具有针对性,更具有现实意义。通过考察发现,中国跨境反恐在战略上应充分考虑所在地区复杂的地缘政治格局,厘清恐怖主义与各个国家的关系,以更高的眼光应对恐怖主义;高度重视"一带一路"所带来的利益融合、社会文化融合,以此为基点,致力于打造反恐情报保障命运共同体;通过国际合作迈出网络反恐的实质性步伐,从而确保现实空间的绝对安全。

---

① Office of Justice Program, Fusion Center Guidelines, http://it.ojp.gov/documents/fusion_center_guidelines_law_enforcement.pdf.

《中亚研究》约稿启事

《中亚研究》由兰州大学中亚研究所主办,社会科学文献出版社出版,目前为半年刊,国内外公开发行。《中亚研究》主要刊发与中亚、上海合作组织、阿富汗、反恐等问题相关的学术论文,主要涉及外交、安全、政治、经济、历史、文化等问题。欢迎广大同仁赐稿,本刊实行优稿优酬原则,一经刊发即付稿酬。

一 投稿须知

(一)文稿要求文字精练、立论新颖、论据充分,文责自负(严禁抄袭)。

(二)姓名在文题下按序排列,多作者稿署名时须征得其他作者同意,排序应在投稿时确定。接录用通知后不再改动。获得各项课题资助的来稿将优先发表(需在稿件首页注明)。

(三)论文格式一般要包括:题目、作者及单位、联系方式、摘要、关键词、正文、注释等。

(四)目前《中亚研究》审阅稿件以电子稿件为准,请向编辑部邮箱发送 WORD 或 WPS 文稿。

(五)编辑部对拟用稿件将在收到来稿后一个月内向作者发出稿件录用通知,作者逾期未收到通知,可自行处理。编辑部对来稿有修改权,不同意修改的稿件请在来稿中声明。

(六)来稿请勿一稿多投。

(七)为加强学术交流,本刊将加入中国期刊网(CNKI)等网络数据库,将以电子期刊、光盘版等方式转载所刊论文,如作者有异议,请于投稿时说明，未加以说明者视为同意授权。

二　联系方式

《中亚研究》编辑部地址：兰州市天水南路 222 号兰州大学中亚研究所，邮编：730000，电子邮箱：zhongyayanjiu@ sohu. com。

三　文本规范

向《中亚研究》投稿时请注意以下文本规范。

（一）来稿要求格式规范，项目齐全。文稿的基本著录格式为：题名、姓名、作者单位、摘要、关键词、作者简介、正文等。若来稿为课题研究成果，须注明课题级别、名称、主持人及课题批准号等信息。

（二）〔题目〕应简明、确切，概括文章的要旨。一般不超过 20 个汉字。小三号黑体字。

（三）〔中文摘要〕以 200 字左右为宜，概述论文的主要内容与观点。五号楷体。

（四）〔关键词〕可选 3~6 个，反映文章的类别及最主要内容，以分号隔开。五号楷体。

（五）〔作者简介〕注明姓名、学位、单位（邮编）、职务、职称、研究方向、联系电话、电子邮箱。五号楷体。

（六）〔正文〕以 8000~30000 字为宜，也欢迎连载稿件。正文应中心明确，分层论述。各层次标题格式为一级标题：一、……；二级标题：（一）……；三级标题：1.……；四级标题：（1）……；五级标题：①……。一般三级至四级标题为宜，不超过五级。正文字体均为五号宋体字体。一级标题应加黑居中。

（七）引用文献及注释均采用脚注的方式，每页重新编号。具体注释格式请参考《中亚研究》注释示例。

《中亚研究》注释示例

一 著作

示例:

赵常庆:《中国与中亚国家合作析论》,社会科学文献出版社,2012,第88页。

《毛泽东选集》第1卷,人民出版社,1991,第3页。

二 译著

示例:

〔美〕弗朗西斯·福山:《历史的终结及最后之人》,黄胜强、许铭原译,中国社会科学出版社,2003,第7页。

三 析出文献

示例:

吴宏伟:《2009年中亚政治经济形与未来发展》,《俄罗斯东欧中亚国家发展报告》(2009),社会科学文献出版社,2010,第88页。

四　期刊、报纸

示例：

潘志平：《区域史研究的考察——以中亚史为例》，《史学集刊》2012年第2期。

杨恕：《上合发展，不必操之过急》，《环球时报》2012年6月11日。

五　转引文献

示例：

费孝通：《城乡和边区发展的思考》，转引自魏宏聚《偏失与匡正——义务教育经费投入政策失真现象研究》，中国社会科学出版社，2008，第44页。

六　未刊文献

（一）学位论文、会议论文等

标注顺序：责任者/文献题名/论文性质/地点或学校/文献形成时间/页码。

示例：

曾向红：《霸权世界观与国际关系——和谐世界观的批判使命》，博士学位论文，兰州大学，2010，第56页。

石泽：《关于中哈关系的若干思考》，第八届中亚学术研讨会论文，兰州大学，2006年11月，第39页。

(二）档案文献

标注顺序：文献题名/文献形成时间/藏所/卷宗号或编号。

示例：

《汉口各街市行道树报告》，1929年，武汉市档案馆藏，档案号：Bb1122/3。

七　网络文献

标注顺序：作者或网站名称/文献题名/获取或访问路径/发布时间。

示例：

中央政府门户网站：《国家主席习近平在上海会见塔吉克斯坦总统拉赫蒙》，http://www.gov.cn/xinwen/2014－05/19/content_2682098.htm，2014年5月19日。

八　外文文献

（一）专著

标注顺序：责任者与责任方式/书名/出版地/出版者/出版时间/页码。书名用斜体，其他内容用正体；各标注项目之间用英文逗号隔开（下同）。

示例：

Seymour Matin Lipset and Cary Marks, *It Didn't Happen Here: Why Socialism Failed in the United States*, W. W. Norton & Company, 2000, p.266.

（二）论文及析出文献

标注顺序：责任者与责任方式/析出文献题名/所载书名或期刊名及卷册/出版时间，页码。析出文献题名用英文引号标示，期刊名或书名用斜体，其他内容用正体。

示例：

Christophe Roux-Dufort, "Is Crisis Management (Only) A Management of Exceptions", *Journal of Contingencies and Crisis Management Journal of Contingencies and Crisis Management*, Vol. 15, No. 2, June 2007, p. 31.

来稿具体格式也可参考《中亚研究》往期刊发的文章，电子版下载地址：兰州大学中亚研究所网站，http://icas.lzu.edu.cn。

图书在版编目(CIP)数据

中亚研究. 2017 年. 第 1 辑:总第 4 辑/杨恕主编. -- 北京:社会科学文献出版社,2017.8
 ISBN 978 - 7 - 5201 - 0985 - 7

Ⅰ.①中… Ⅱ.①杨… Ⅲ.①中亚 - 研究 Ⅳ.①D736

中国版本图书馆 CIP 数据核字(2017)第 150109 号

中亚研究(2017 年第 1 辑,总第 4 辑)

主　　编 / 杨　恕

出 版 人 / 谢寿光
项目统筹 / 高明秀
责任编辑 / 王晓卿　肖世伟

出　　版 / 社会科学文献出版社·当代世界出版分社 (010)59367004
　　　　　　地址:北京市北三环中路甲 29 号院华龙大厦　邮编:100029
　　　　　　网址:www.ssap.com.cn
发　　行 / 市场营销中心 (010)59367081　59367018
印　　装 / 三河市东方印刷有限公司

规　　格 / 开　本:787mm × 1092mm　1/16
　　　　　　印　张:10　字　数:152 千字
版　　次 / 2017 年 8 月第 1 版　2017 年 8 月第 1 次印刷
书　　号 / ISBN 978 - 7 - 5201 - 0985 - 7
定　　价 / 59.00 元

本书如有印装质量问题,请与读者服务中心(010 - 59367028)联系

版权所有 翻印必究